Ivana Rohde
Juni 2012 gel. Juni 2012

Auf der Suche nach Frankreich

Hannes Hansen

Auf der Suche nach Frankreich

Eine Liebeserklärung

Ludwig

Bibliografische Information Der Deutschen Bibliothek

Die Deutsche Bibliothek verzeichnet diese Publikation in der Deutschen Nationalbibliografie; detaillierte bibliografische Daten sind im Internet über http://dnb.ddb.de abrufbar.

Holtenauer Straße 141
24118 Kiel
Tel.: 0431-85464
Fax: 0431-8058305
info@verlag-ludwig.de
www.verlag-ludwig.de

Gedruckt auf säurefreiem und alterungsbeständigem Papier
Printed in Germany

Gesamtgestaltung: Daniela Zietemann
Lektorat: Dr. Jennifer Lorenzen-Peth
Umschlagbild: Hannes Hansen

ISBN 978-3-86935-039-4

Inhalt

Vorwort

Ein seltsamer Titel, mag man denken, dieses »Auf der Suche nach Frankreich«. Weiß denn nicht jedes Kind, wo Frankreich zu finden ist? Als unser südwestlicher Nachbar auf der Landkarte nämlich, nach links unten verschoben?

Gewiss, die geografische Lage des Hexagons ist eindeutig; da gibt es nichts zu suchen. Aber etwas ganz anderes ist es mit dem, was man die Seele des Landes, sein Eigenstes nennen möchte. Es ist ja wahr, die Banlieue von Paris gleicht in vielem der von Berlin, Madrid oder Rom. La Défense ähnelt dem Märkischen Viertel auf eine Weise, die gruseln macht. Einander zum Verwechseln ähnliche Hochhäuser überall in die zugleich zersiedelte und aufgeräumte Landschaft geklotzt; die nämlichen Lebensmittelgeschäfte in den Städten und auf der grünen Wiese oder inmitten gestaltlosen architektonischen Einheitsbreis die gleichen Einkaufszentren. So betrachtet, scheint Frankreich in der globalisierten Welt zu verschwinden.

Und doch, es gibt *douce France*, das süße, das liebliche Frankreich. Man muss es nur suchen. Muss es mit offenen Augen und Ohren suchen und sich ihm öffnen. »Man sieht nur mit dem Herzen gut«, sagt der Fuchs zum Kleinen Prinzen in Saint-Exupérys Erzählung für Kinder und kindlich gebliebene Erwachsene. Wer sich mit dieser Einstellung unserem Nachbarland nähert, dem öffnet es sich, dem gewährt es Einblick in sein Innerstes. Und dieses Innerste ist seine *civilisation*, ein Begriff, der das in einem Wort zusammenfasst, was man in Deutschland säuberlich aufteilt in »Zivilisation« und »Kultur«, zum Nachteil der Zivilisation; ein Begriff, der nicht trennt zwischen der Bedeutung eines Rohmilchkäses und der Romane Camus' für eben diese *civilisation*.

So erklärt sich der Untertitel dieses Buches von selbst. Ja, ich liebe Frankreich. Es ist in meinen Augen immer noch das zivilisierteste Land der Erde. Wer Begründungen für diese Liebe sucht, mag einige auf den folgenden Seiten finden, die der Niederschlag mehrerer Reisen kreuz und quer durch Frankreich sind. Aber Liebe braucht keine Begründung.

Dieses durch und durch unsystematische Buch ist kein Reiseführer. Vieles, was man von einem solchen erwarten würde, findet sich nicht, anderes mag nebensächlich erscheinen. Ich bin bei der Auswahl der Geschichten, die ich über Frankreich zu erzählen habe, allein meiner Liebe zu diesem immer noch wunderbaren Land gefolgt.

Im Elsass

Ein Maler und ein Festungsbaumeister – Breisach und Neuf Brisach

Wer von Freiburg nach Neuf Brisach im Elsass fährt, der muss auf dem Weg das deutsche Breisach besuchen. Die alte kaiserliche Reichsstadt, an deren Anfängen ein römisches Kastell stand, und die Festungsstadt Ludwig XIV. sind Geschwister, wie sie unterschiedlicher nicht sein könnten, und doch wie siamesische Zwillinge miteinander verbunden.

Bis 1817 der Wasserbaumeister Tulla den hier in zahlreiche Flussarme mit Schotterinseln und Auwäldern sich auffächernden Rhein begradigte, erkläre ich meiner Begleiterin Helga, habe der Felsen, auf dem Breisach angelegt ist, direkt im Wasser gestanden, und so bedeute der Name dann auch »Dort, wo das Wasser sich bricht«. Helga, die nicht zu übertriebener Verehrung männlichen Kenntnisreichtums neigt, sagt trocken:

»Google, was?«

»Ja«, gebe ich zu, »Wikipedia.«

»Na dann muss es ja stimmen«, sagt Helga spöttisch. Die muntere Berlinerin, eine Gymnasiallehrerin für Kunst und Deutsch, hat sich ein Sabbathjahr gegönnt und wird mich einige Zeit begleiten und, wie ich sie kenne, dafür sorgen, dass die Bäume, an denen die Früchte meiner Er- und sonstigen Kenntnisse reifen, nicht in den Himmel wachsen.

Dass das von deutscher Seite als Vorposten gegen Frankreich angesehene und von den Franzosen folgerichtig als Bedrohung angesehene Breisach zwischen 1638 und 1714 viermal den Besitzer wechselte, dass abwechselnd deutsche und französische Garnisonen in der Stadt lagen, die 1793 im Zuge der Revolutionskriege weitgehend zerstört wurde, dass die Nazis hier wie überall die einst bedeutende jüdische Gemeinde auslöschten und die Synagoge zerstörten, dass die Stadt 1945 beim Übergang der Alliierten über den Rhein noch einmal zu fünfundachtzig Prozent durch Artilleriefeuer in Ruinen gelegt wurde, man merkt ihr die kriegerische Vergangenheit nicht an. Heute an diesem schönen Sommermorgen, als Helga und ich die steilen Straßen und zahlreichen Treppen zum Münsterberg hinaufstiefeln, bietet sich der Anblick eines verschlafenen badischen Landstädtchens. Allerlei Kopfsteinpflasternes verbreitet altalemannische Gemütlichkeit, die Reste einer Festungsmauer und zahlreiche erhaltene Stadttore aus dem Mittelalter und der frühen Neuzeit machen auf Geschichtsträchtigkeit. Nur eine junge Mutter, die aus einem Fenster im ersten Stock eines Hauses plärrend und im unverkennbar örtlichen Idiom nach ihrem kleinen Sohn, der sich in der Nase bohrend auf einem Dreirad auf dem Bürgersteig angewachsen ist, mit den Worten »Pascal, kommscht gschwind 'nauf« ruft, verscheucht die Illusion behäbiger und gediegener Bürgerlichkeit.

Im Übrigen aber ist es still auf den Straßen der Altstadt. Kaum einmal ein Auto ist zu sehen, die Geschäfte bleiben am Sonntag geschlossen. Eine über die Straße huschende schwarze Katze bringt ein wenig Leben in die Szenerie; ein sich flöhender Hund, der, frei nach Heinrich Heine, darauf zu warten scheint, dass ihm jemand einen Tritt versetzt, damit er auch einmal etwas erlebt, bietet ein Sinnbild der Langeweile.

Auf dem Münsterplatz oben auf dem Gipfel des Felsens läuten die Glocken in der insektendurchwehten, summenden Stille. Die Tür des Münsters aus romanischer und gotischer Zeit öffnet sich, und die Kirchgänger in Sonntagskleidung, die Jungen in knielangen Hosen, die Mädchen in züchtigen Kleidern wie auf alten Stichen strömen heraus und bleiben, miteinander und mit dem Pfarrer plaudernd, noch ein wenig stehen. Wir warten, bis sich die Gemeinde verlaufen hat und betreten das Münster durch eine Seitentür. Der Pfarrer, ein noch junger Mann, begrüßt uns freundlich. Selbstverständlich bleibe das Münster auch nach dem Gottesdienst geöffnet, sagt er auf unsere Frage und schaut uns befremdet an. Dann lacht er. Wir seien wohl Protestanten, meint er, Evangelische. Warum die ihre Kirchen immer zuschlössen, will er wissen, und wir müssen bekennen, wir wissen es auch nicht.

Helga und ich seien gekommen, um uns Martin Schongauers Wandbilder des Jüngsten Gerichts anzuschauen, erzählen wir dem Pfarrer, und der blickt traurig.

»Sie sehen ja«, sagt er und weist auf die riesigen Bilder an drei Wänden des Westbaus, »da ist im Laufe der Zeit viel verloren gegangen. Durch Feuchtigkeit, durch Übermalungen und Abplatzen der Farben, vielleicht auch durch mutwillige Zerstörungen.«

In der Tat, wohl gut die Hälfte der Darstellungen auf dem Wandtryptichon sind zerstört, verschwunden oder nur noch in kümmerlichen Resten zu erkennen. Die Tatsache, dass Martin Schongauer die Bilder »al secco« malte, also auf den trockenen Putz, und nicht »al fresco« auf den feuchten, was ein tieferes Eindringen der Farben und eine intensivere Verbindung von Untergrund und Malerei bewirkt hätte, mag dazu beigetragen haben, dass in den über fünf Jahrhunderten seit ihrem Entstehen so viel verloren gegangen ist. Doch selbst die Reste sind wegen ihrer Monumentalität und ausdrucksstarken Würde beeindruckend. Das mittlere Bild an der Westwand zeigt Christus als Weltenrichter auf einem Regenbogen sitzend. Maria und Johannes der Täufer knien zu beiden Seiten Christi als Fürbitter der sündigen Menschen. Neben Maria steht Petrus, hinter Johannes Moses mit den Gesetzestafeln. Zu ihnen gesellen sich Patriarchen und Propheten. Den Erzengel Gabriel, der die Seelen der Auferstandenen wiegt, ein zentrales Motiv des Jüngsten Gerichts, ihn muss man sich an einer leeren Stelle der Wand vorstellen.

Auf der Südwand ist der Einzug der Seligen in das Paradies dargestellt. Anonyme Landleute werden von einem Engel geführt; eine Nonne, ein Bischof, ein Papst und ein Kardinal vertreten die Kirche. Wie selbstverständlich gehören sie zu den Geretteten, den Seligen mit einem verbrieften Anspruch auf das Paradies.

Chaotisch geht es auf der Nordwand zu. Hier werden die Verdammten in die Abgründe der Hölle gestürzt. Teufel quälen sie, Dämonen mit Hörnern, Klauen und fratzenhaften Gesichtern lauern in Flammenmeeren, Luzifer wachsen Hauer wie einem Eber aus dem Mund, der eher einer Wolfsschnauze gleicht. All seine Kunst, all sein beträchtliches malerisches Können wendet Martin Schongauer auf die expressive Verbildlichung der ewigen Verdammnis an, mit der die Kirche ihre Schäfchen in Angst und Schrecken versetzt, und um diese Schrecken noch zu steigern, verkündet ein Schriftband auf dem Mittelteil des Tryptichons: »Geht, ihr Verfluchten, in das ewige Feuer« und ein anderes: »Die Zeit des Erbarmens ist vorbei, angebrochen ist die Zeit der Gerechtigkeit.«

Dass die Inschriften auf Latein verfasst sind, wird an ihrer Eindringlichkeit nichts geändert haben. Den Laien wird ein Priester, dessen sind wir uns sicher, die Botschaft schon verdeutscht haben. Unser Pfarrer, der mit uns gekommen ist, sagt leise:

»Große Kunst, gewiss. Aber ich glaube nicht, dass unser Herr gewollt hat, dass die Menschen Angst vor ihm haben.«

Doch wir sind im Spätmittelalter, und der aus dem nahen Colmar stammende Martin Schongauer, der 1491 vielleicht noch vor der endgültigen Fertigstellung seines Jüngsten Gerichts in Breisach starb, wusste, welchen Verpflichtungen gegenüber seinen seelisch etwas robusteren kirchlichen Auftraggebern er nachkommen musste. Wenig ist von seinem Leben bekannt, aber seine Kupferstiche haben ihn als bedeutendsten deutschen Grafiker vor Dürer berühmt gemacht. Von seinen Gemälden hingegen haben sich nur wenige erhalten. In seiner Heimatstadt aber hängt in der Dominikanerkirche ein Hauptwerk von »Hübsch Martin«. Ein paar Tage später werden wir eine andere Seite des Malers kennen lernen und verstehen, warum ihn die Zeitgenossen so nannten.

Wir verabschieden uns von dem freundlichen Pfarrer und verlassen das Münster. Auf die Skulptur eines schwarzen Marmorstiers auf dem Münsterplatz, der eine zeichenhaft verkürzte Europa trägt und den nach dem Krieg plötzlich erwachten Enthusiasmus der Breisacher Bürger für einen europäischen Bundesstaat verkündet, werfen wir nur einen Blick. Uns plagt ein menschliches Bedürfnis. Ein Faltblatt der Tourismuswerbung hilft uns weiter. Es preist eine öffentliche Toilette an, die nicht nur kostenlos, sondern, man denke, »auch sauber ist.« Ob das allerdings »ein Labsal« für Menschen mit voller Blase bedeutet, wie das Faltblatt vollmundig und mit schiefer Metaphorik verkündet, möchten wir dann doch bezweifeln.

Über die Rheinbrücke, die ein paar Meter weiter westlich über die deutsch-französische Grenze in der Flussmitte führt, fahren wir ins Elsass. Topfeben wie zuletzt auch auf deutscher Seite ist die Rheinebene. Maisanbau, ob nun als Futtermittel oder als Grundlage für Biosprit, dominiert die unter dem hohen Sommerhimmel wie ausgestorben liegende, ausgeräumte Landschaft, in der nur gelegentlich ein paar nicht weiter bemerkenswerte uniforme Fabrikhallen und Scheunen die endlose Horizontale unterbrechen.

»Was ist denn nun mit dem Charme und der Würde der französischen Provinz?«, fragt Helga, der ich eben solches versprochen habe, sollten wir einmal Germaniens aufgeregte Modernität verlassen haben.

»Sitze nicht, wo die Spötter sitzen«, antworte ich mit biblischer Unterstützung, »das kommt schon noch, wirst sehen.«

»Na det kiek ik ma an«, berlinert Helga, die ihre heimatliche Mundart liebt und sie gerne als Waffe gegen alles Hochgestochene einsetzt, auf Teufel komm heraus. »Wegen dem ollen Mais hätt ik ooch zu Hause bleiben können. Det sieht hier ja schlimma aus als in Brandenburg.«

Zum Glück taucht jetzt abseits der Hauptstraße die unverkennbare Silhouette von Neuf-Brisach auf, und wir biegen ab und fahren auf Vaubans Meisterwerk zu. Der Festungsarchitekt Ludwigs XIV. baute seinem Sonnenkönig eine nach dem Verlust des rechtsrheinischen, damals stark befestigten Breisach nötig gewordene neue Festungsstadt auf linksrheinischer Seite, und das in der Idealform der barocken Militärarchitektur. Bis heute ist die geometrisch exakte Stadtanlage in Form eines regelmäßigen Achtecks mit zwei Verteidigungswällen, Gräben, Bastionen, Türmen, Vorwerken und einem sanft abfallenden Glacis mit einem gedeckten Weg für die Infanterie und mit allerlei anderen Baulichkeiten zu Verteidigungszwecken fast vollständig erhalten.

»Wat du allet weeßt«, sagt Helga, die immer noch ein wenig auf Krawall gebürstet ist. »Ik wusste jar nich, det du so een Kommisskopp büst.«

»Bin ik ooch nich«, äffe ich sie nach. Schließlich kenne ich von meiner Potsdamer Großmutter her den Berliner Dialekt und kann gegenhalten. »Aber een bissken Büldung kann ja nich schaden.«

Ich halte ihr einen Ausdruck aus der Wikipedia, von der ich meine Weisheiten habe, vor die Nase, aber sie winkt ab:

»Schon jut.«

Dass die Stadt über ihre Festungswälle nicht hinausgewachsen ist und so die Anlage noch kompakt und einheitlich wirkt, beeindruckt sie aber doch. Wir sind die einzigen Menschen, die jetzt um die Mittagszeit unter einem wolkenlosen, blassblauen Himmel, von dem die Sonne strahlt, als würde sie dafür bezahlt, zwischen den Festungswällen herumstreunen. Reste eines kleinen Feuers zeugen von einem Picknick, bei dem, man staune, die Abfälle und Reste nicht einfach in die Gegend geschmissen, sondern brav eingesammelt und mitgenommen worden sind. Nur eine einzelne, aufrecht inmitten der Asche stehende Weinflasche, über die ein Scherzbold ein Kondom gezogen hat, wirkt ein wenig deplaciert, wie ich zugeben muss und das auch tue.

»Männer«, sagt Helga, und mehr sagt sie nicht. Ich auch nicht.

Rot blüht der Klatschmohn auf dem Trockenrasen innerhalb des doppelten Festungsrings. In die Fugen der roh zurechtgehauenen klobigen Steine der Mauern krallen sich Hahnenfuß und andere Pflanzen. Eine Grille zersägt die Stille weniger, als dass sie sie akzentuiert.

Wir betreten die Stadt durch das Basler Tor und finden ein rechtwinkliges Straßenraster, an dem die gleichförmigen Häuser, meist wohl ehemalige Kasernen, wie zur Parade angetretene Soldaten stehen. Kein Baum, kein Strauch lockert die Strenge der Anlage, ihre Klarheit und Konsequenz auf. Wenn man das Wort »ausgestorben« steigern könnte, dann wäre es hier angebracht. Trotz der Hitze wirkt Neuf-Brisach kalt, aber großartig. Mit der seit Descartes bekannten französischen *clarté* ist Vauban zu Werke gegangen und hat etwas geschaffen, was im Verein mit seinen übrigen Festungsanlagen zu Recht den Status als Weltkulturerbe der UNESCO erhalten hat.

Noch ausgestorbener als das deutsche Gegenstück wirkt Neuf Brisach, noch verlassener als die Straßen des badischen Breisach brütet die *Rue Rouget de Lisle* vor sich hin, die an den Verfasser der Marseillaise erinnert, der hier während der Revolutionskriege kurz stationiert war, wie eine Tafel an einer Hauswand verkündet.

Als wir die riesige *Place d'Arme*, den ehemaligen Exerzierplatz im Zentrum der Stadt betreten, ist es mit der Ruhe vorbei. Vor den Cafés und Restaurants, die den Platz säumen, sitzen sonntäglich gekleidete Menschen und tun das, wofür Franzosen im Durchschnitt doppelt so viel Geld wie Deutsche ausgeben, sie lassen es sich bei einem ausgiebigen Mittagsmahl gut gehen.

Auch wir haben Hunger und suchen ein im Schatten liegendes Café. Dazu müssen wir die *Place d'Armes* überqueren. Der Brunnen in der Mitte mit der toskanischen Säule, auf der eine Kugel mit einer vergoldeten Bourbonenlilie thront, ist leer. Auch in Frankreich, scheint es, muss gespart werden, und dass von der Lilie so etwas wie eine abgeknickte

Pfeilspitze mit der Abbildung einer Sonne nach unten weist, nimmt dem Ensemble die Wirkung. Waren es Rouget de Lisles und seine revolutionär gestimmten Kameraden, die der Triumphgeste des Sonnenkönigs die Spitze brachen?

Rund um den wasserlosen Brunnen spielen halbwüchsige Araber Fußball. Als der Ball auf mich zurollt, ein Junge hinterherläuft und ich ihm die Kugel zuspiele, deutet der mit einem Piratentuch um den Kopf verwegen aussehende Jugendliche eine knappe Verbeugung an und sagt höflich:

»*Merci, Monsieur.*«

»Charme und Würde der französischen Provinz«, sage ich zu Helga, »hier hast du sie«, und sie zeigt sich beeindruckt.

»In Berlin würdest du das nicht erleben«, sagt sie und klingt ganz zahm.

Ländliche Idylle, Sprachgewirr und ein geschundener Mensch – nach Colmar

Die Nacht haben wir auf einem winzigen Campingplatz am *Canal de Vauban* verbracht. Der Bau der künstlichen Wasserstraße war nötig geworden, um das Baumaterial für die Festung Neuf-Brisach von den Vogesen in die Oberrheinebene transportieren zu können. Vauban entwarf ihn und ließ sich über die von einem holländischen Baumeister geleiteten Arbeiten kontinuierlich berichten. Praktischer Weise entwarf der akribisch arbeitende Ingenieur des Königs die nötigen Boote für den Transport von Bauholz aus den Wäldern und Granit aus den Steinbrüchen der Vogesen, von Kalk und anderen benötigten Materialien gleich mit.

Von der kleinen elsässischen Ortschaft Weckolsheim an begleitet der schnurgerade Kanal, auf dem der Schiffverkehr schon vor Jahren eingestellt wurde, die wenig befahrene Départementstraße für ein paar Kilometer nach Westen. Ab und zu haben wir einen einsamen Angler gesehen, der bewegungslos auf seinem Hocker saß und die lange Stippe ins Wasser hielt.

Noch ein wenig kühl ist es an diesem Morgen, an dem die Sonne erst knapp über dem Horizont steht. Still liegt das Gewässer unter den kerzengeraden Pappeln, die es auf beiden Seiten in exaktem Abstand wie eine Reihe stummer, zum Marsch angetretener Soldaten begleiten. Kein Windhauch kräuselt die Wasserfläche, die in exakter Symmetrie die Pappeln und einen Reiher spiegelt, der am gegenüber liegenden, kaum fünf Meter entfernten Ufer geduldig darauf wartet, dass ihm sein Fressen vor den Schnabel schwimmt. Gelegentlich ziehen Nebelfetzen über den Kanal, zeichnen die Konturen von Bäumen, Gras und Blumen weich und verwandeln die kräftigen Farben von Himmel und Erde in zarte Pastelltöne.

Am Vorabend haben wir uns in Weckolsheim mit Wurstwaren versorgt und auch ein Stück Münsterkäse, *die* elsässische Käsespezialität mitgenommen. Obwohl wir ihn im Kühlschrank unseres Wohnmobils über Nacht aufbewahrt haben, reicht, als wir ihn auspacken, sein, sagen wir vorsichtig, recht kräftiges Odeur, die zarten Morgendüfte von Gras, Blumen und Wasser zu vertreiben und die Gegend geruchlich einzunebeln. Aber was soll's, wir sind die einzigen hier auf weiter Flur. Und dann: Der Geschmack!

»Mmmm«, sagt Helga, »köstlich.«

»*Douce France*«, antworte ich und zitiere zum ersten, aber nicht zum letzten Mal die Worte, mit denen einst Charles Trenet das »*Cher pays de mon enfance*«, das Land seiner Kindheit besang und das Gefühl heraufbeschwor, von zärtlicher Sorglosigkeit gewiegt zu werden. Ein nostalgisches Gefühl, gewiss, aber ihm und nicht wenigen seiner Landsleute half es, die Jahre der Nazi-Okkupation zu überstehen, gegen die das Chanson leise opponierte.

Helga reißt mich aus meinen Überlegungen. »Hat sich was mit ›*Douce France*‹«, sagt sie, »süß riecht der Käse nun gerade nicht.«

Das muss ich zugeben, will aber noch etwas zu ihrem Einwand sagen, doch sie unterbricht mich:

»Ich weiß schon, Charme und Würde der französischen Provinz.«

Wo sie recht hat, hat sie recht, und deshalb widerspreche ich ihr auch nicht, sondern schaue lieber dem Reiher zu, der plötzlich zustößt und sich mit einem zappelnden Fischchen im Schnabel schwerfällig erhebt und davonfliegt. Auch wir beenden unser Frühstück, packen unsere Siebensachen und machen uns auf dem Weg nach Colmar.

In Colmar ist das Unterlindenmuseum noch geschlossen, als wir unser Wohnmobil am Rande der Altstadt abstellen, und auch die ehemalige, jetzt zum Museum umgewandelte Dominikanerkirche, in der wir einem sanfteren, einem gefühlvolleren Martin Schongauer als im Breisacher Münster begegnen werden, hat noch nicht geöffnet und wir machen einen Bummel durch die fast vollständig erhaltene Altstadt. Die prächtigen Bürgerhäuser aus dem Spätmittelalter und der Renaissance erinnern daran, dass im heutigen Sitz der Präfektur des Départements Haut-Rhin einmal beträchtlicher Wohlstand zu Hause war. Die Fachwerkbauten in Stockwerkbauweise, bei der die Obergeschosse jeweils etwas über die darunter liegenden vorragen, haben ihre nächsten Verwandten im gesamten alemannischen Raum, in Schwaben, in Baden und Teilen der Deutschschweiz. Bis weit ins siebzehnte Jahrhundert hinein gehörte die Freie Reichstadt Colmar wie das gesamte Elsass zum deutschen Reich und damit zur oberrheinischen Kunstlandschaft. Erst als Ludwig XIV seinen Traum von der Grenze Frankreichs am Rhein verwirklichte, wurde die Stadt französisch, bewahrte aber noch lange Zeit ihren deutschen, besser gesagt alemannischen Charakter.

In einem Café bei einem Großen Schwarzen und einer Brioche lauschen wir mehrsprachigem Stimmengewirr. Eine Gruppe junger Amerikaner glaubt offensichtlich, die Kellnerin sei schwerhörig, denn als sie auf die breiten Vokale des Mittelwestens und die Frauenstimmen, die immer ein wenig an das Quaken von Fröschen erinnern, nicht in gewünschter Weise reagiert, sprechen die US Boys und Girls unbeirrt weiter im heimatlichen Idiom, nur lauter. Die Kellnerin hebt etwas hilflos die Arme und sieht bittend zu unserem Tisch herüber.

»Nun mach schon«, sagt Helga, »wer hat schließlich ein paar Jahre in England gelebt.«

»Wales«, antworte ich, »und Irland.«

»Ja, ja.«

Auf also ins phonetische und lexikalische Getümmel. Als ich die Wünsche der Neuen Welt ins Französische übersetzen will, dankt mir die Kellnerin auf Deutsch, in einem französisch gefärbten Deutsch allerdings, nicht im Elsässer Dialekt. Ich beglückwünsche sie zu ihren sprachlichen Fähigkeiten, und sie sagt:

»'Abe isch in der Schule gelernt, weil man muss spreschen Deutsch, wenn man will Arrbeit 'aben in Restaurant oder Geschäft. Kommen viele Touristen zum Essen aus Deutschland.«

Ja, wir wissen schon, Zander aus dem Rhein oder wie hier in Colmar aus der Lauch, die durch die Stadt fließt, kann man schon mögen. Oder Deftiges wie Baeckeoffe, Flammkuchen, *choucroute alsacienne,* die mächtige Sauerkrautplatte mit Würsten und Speck. Wie schön, dass Gaumenfreuden die angebliche Erbfeindschaft zwischen Deutschen und Franzosen längst abgelöst haben, findet Helga, und ich finde das auch.

Am Nebentisch hat ein älterer Herr unser Gespräch gehört. Er beugt sich zu uns und sagt lächelnd und in einem Tonfall, dem man die Verwandtschaft des Elsässer Dialekts mit dem Badischen anhört:

»Ach, wissen Sie, Deutsche, Franzosen ... Ich bin Elsässer. Wie der Tomi Ungerer. Den kennen Sie doch?«

Natürlich kennen wir den großen Zeichner, Illustrator und Karikaturisten.

»Sehen Sie«, sagt unser neuer Bekannter, »der heißt mit Vornamen eigentlich Jean Thomas. Seine Mutter wollte nicht, dass er Elsässisch lernte. Das galt als die Sprache der unteren Schichten und deshalb sprach sie mit ihm nur Französisch. Als die Nazis dann Frankreich überfielen, wurden Elsass und Lothringen zwangsgermanisiert wie schon nach dem deutsch-französischen Krieg von 1870/71. Und der kleine Tomi lernte in der Schule Hochdeutsch und von seinen Mitschülern Elsässisch. Aber deshalb lernte er noch lange nicht, die Nazis zu lieben. Doch nach dem Krieg, als das Elsass wieder französisch wurde, durfte er plötzlich nicht mehr Elsässisch sprechen und Hochdeutsch schon gar nicht. Das hat ihn wie viele hier, die durchaus keine Sympathien für Deutschland hatten, sehr geärgert. Es war ja auch eine dumme Politik, Menschen den Gebrauch ihrer Muttersprache zu verbieten.«

Natürlich ist Herr Huber, unser Gesprächspartner, Franzose, aber eben auch Elsässer. Elsässischer Franzose oder französischer Elsässer oder, wer weiß das schon, nur Elsässer. Jedenfalls nicht Deutscher, obwohl er als Deutschlehrer an einem Colmarer Gymnasium die deutsche Kultur durchaus schätzt, wie er sagt.

»Über allen Gipfeln
Ist Ruh«,

zitiert er Goethe, lächelt versonnen und fährt, als wir ihn fragend anblicken fort:

»In allen Wipfeln
Spürest du
kaum einen Hauch;
Die Vögelein schweigen im Walde.
Warte nur, balde
Ruhest du auch.«

»Schön«, sagen Helga und ich wie aus einem Munde, und Herr Huber antwortet:

»Die reine Musik.«

Wir kehren zurück zu unserem Gespräch über die wechselvolle Geschichte des Elsass.

»Die Preußen«, sagt Herr Huber, »haben sich nach dem Krieg von 1870/71, als das Elsass und halb Lothringen wieder einmal zum Spielball der Politik wurden, hier sehr unbeliebt gemacht. Mehrjährige Wehrpflicht, das war man nicht gewohnt. Das Elsass war ja noch landwirtschaftlich geprägt, und die Bauern brauchten ihre Söhne als Arbeitskräfte.«

Unwillkürlich muss ich lachen.

»Die allgemeine Wehrpflicht«, sage ich, »war doch eine französische Idee. Die *levée en masse* wurde schließlich während der Revolutionsjahre eingeführt, und Napoleon hat sie für seine Kriegszüge übernommen.«

Herr Huber blickt mich nachdenklich an. Dann lächelt er und sagt:

»Das stimmt schon. Aber wissen Sie, das wurde in nachnapoleonischer Zeit sehr großzügig gehandhabt. Frankreich hatte gar nicht das Geld, alle wehrfähigen jungen Männer einzuziehen.«

Helga, die bislang geschwiegen hat, fragt:

»Und heute? Gibt es heute in Frankreich noch die Wehrpflicht?«

»Nein, die ist schon seit Jahren abgeschafft.«

Sehr vernünftig sei das, meint Helga. Wieder lächelt unser Gesprächspartner.

»Während der Französischen Revolution wurde die Idee geboren, dass die allgemeine Wehrpflicht für das Militärwesen eines demokratischen und republikanischen Staates eine notwendige Voraussetzung sei. Nur Diktaturen und Feudalstaaten hielten sich stehende Berufsheere. Und jetzt haben wir in Frankreich die Wehrpflicht abgeschafft, und Sie haben sie noch.«

Absurd fände sie das, sagt Helga.

Es ist Zeit für uns aufzubrechen, die Museen sind längst geöffnet. Wir verabschieden uns von Herrn Huber und gehen die kurze Strecke zur ehemaligen Stiftskirche der Dominikaner. Trotz einer Silbermann-Orgel und wunderbarer mittelalterlicher Glasfenster ist das Prunkstück der Ausstattung dieser schlichten Bettelordenskirche die »Madonna im Rosenhag« von Martin Schongauer. In einer Laube aus Rosenstöcken sitzt die Gottesmutter in nachdenklicher Pose. Die Konturen ihres Körpers sind unter einem weiten, weich herab fließenden roten Gewand nur zu erahnen. Mit seinen vielförmigen tiefen Falten scheint es ein bewegtes Eigenleben zu führen, das ganz im Gegensatz zu der kontemplativen Ruhe und dem sanften Glück steht, die sich auf ihrem Gesicht spiegeln. Lange schlanke Finger halten einen lebhaften, nackten und lockenköpfigen Jesusknaben, der ihr verspielt in die elegant gekrausten goldenen Haare greift. Sie ist die »Rose ohne Dornen«, als die sie mittelalterliche Marienverehrung versteht. Der Ort, an dem sie sitzt, die Laube, spielt auf den *hortus conclusus* an, den verschlossen Garten, ein Sinnbild ihrer Jungfräulichkeit.

Es sind nur ein paar Schritte zum *Musée d'Unterlinden,* das neben archäologischen Fundstücken und einer umfangreichen und qualitativ hochwertigen Sammlung moderner Malerei vor allem kirchliche Kunstwerke vom Mittelalter bis zur Renaissance von internationalem Rang zeigt. Heute haben wir keinen Blick für die vielen Altäre, für die Arbeiten Martin Schongauers, Hans Holbeins des Älteren oder Lucas Cranachs des Älteren. Wir haben ein einziges Ziel, den Isenheimer Altar des fälschlich so genannten, aber international unter diesem Namen bekannten Matthias Grünewald. Zwischen 1506 und 1515 schuf ihn der wohl aus Würzburg stammende Maler für das Antoniterkloster im nahen Isenheim. Zwei Kommissaren der ersten Französischen Republik ist es zu verdanken, dass dieses Hauptwerk deutscher spätgotischer Malerei erhalten geblieben ist und nicht wie so viele andere christliche Kunst dem Bildersturm der Französischen Republik zum Opfer fiel. 1793 ließen sie es abtransportieren und zu seiner Sicherung nach Colmar bringen. Im Chor der hochgotischen Kirche des ehemaligen Klosters hat es seit langem seinen Aufenthaltsort gefunden.

Den mehrflügeligen Wandelaltar mit seinen drei Schauseiten, die jeweils zu verschiedenen Zeiten des Kirchenjahres gezeigt wurden, präsentiert man in Colmar in seinen Einzelteilen so, dass alle Gemälde und der geschnitzte Schrein der dritten Wandlung betrachtet werden können. Lange stehen wir in stummer Bewunderung vor der ersten Schauseite, die der spätmittelalterliche Kirchgänger nur zur Advents- und Fastenzeit zu sehen bekam. Die riesige Mitteltafel mit über drei Metern Breite und mehr als zweieinhalb Metern Höhe zeigt den Gekreuzigten in Überlebensgröße. Tief hängt er herab vom Kreuz, der muskelbepackte Rippenbogen und die Sehnen an den schmerzhaft gedehnten Armen treten plastisch hervor. Eine gewaltige Dornenkrone hat man ihm aufs zur Seite geneigte Haupt voller Blut und Wunden gedrückt. Zwischen den bläulich angelaufenen Lippen sind Zunge und Zähne zu sehen. Der im gelb-grünlichen Farbton des Verfalls gehaltene Körper ist von schwärenden Wunden und Stacheln gezeichnet, der Lendenschurz zerrissen, ein überdimensionaler Nagel brutal durch die übereinander gelegten Füße geschlagen. Er zerreißt Fleisch und Sehnen, schwärzlich verfärbtes Blut tropft von den Zehen und den Fußsohlen herab.

In der gesamten europäischen Kunst gibt es wohl kein in gleichem Maße erschütterndes Bild einer Kreuzigung wie diese Darstellung eines Geschundenen und Erniedrigten, eines in seiner Menschlichkeit Zerstörten.

Neben dem Gekreuzigten fängt der Jünger Johannes die ohnmächtig zusammengebrochene Maria mit fürsorglicher Geste auf. Vor ihnen kniet eine Frau, die mit flehentlich ausgestreckten Armen und verschränkten Fingern zu Christus aufblickt. Ihre unter dem Kopftuch wie ein goldener Wasserfall herabfließenden Haare und das Salbgefäß vor ihr verraten, wer sie ist: Maria Magdalena, die von Jesus bekehrte Hure, die mit flehentlich erhobenen Händen um ihren Herren trauert, der sie gerettet hat. Um den Heiland, der die Kritik an der Aufnahme in den Kreis der Jünger mit den Worten »Sie hat viel geliebt« zurückzuweisen wusste. Noch am Vortag des letzten Abendmahls hat sie ihm unter Tränen die Füße gewaschen und sie mit ihren langen Haaren, dem Zeichen ihrer Sündhaftigkeit, getrocknet und mit Öl gesalbt. Ein Ritual, das Christus einen Tag später an seinen Jüngern wiederholen wird.

Die Gruppe der in ihrem Schmerz um den Tod ihres Sohnes in Ohnmacht gefallenen Maria, des um sie bangenden Jüngers Johannes und der verzweifelten Maria Magdalena, sie verstärkt die *compassio* noch, das unwillkürlich aufquellende Mitleid, das der Maler im Betrachter zu erwecken wünscht.

Auf der anderen Seite des Kreuzes steht Johannes der Täufer, der mit ausgestrecktem Zeigefinger auf den Gekreuzigten weist. Eine Inschrift hinter ihm verkündet, die Bedeutung Christi werde zu-, seine eigene für die Heilsgeschichte aber abnehmen. Die lateinischen Worte *Illum oportet crescere me autem minui* wird der Auftraggeber des Altars, vermutlich der Abt des Klosters Isenheim, dem Mathis Gothart Nithart, wie Grünewald mit richtigem Namen hieß, diktiert haben. Möglicherweise hat er auch das gesamte Bildprogramm vorgegeben. Im Mittelalter und darüber hinaus war es durchaus nicht ungewöhnlich, dass ein gebildeter Theologe entscheidenden Einfluss auf die Gestalt eines Kunstwerks nahm. Schließlich zählte die Malerei wie auch die Bildhauerkunst und die Architektur zu den *artes mechanicae*, den praktischen oder Handwerkskünsten. Die sie Ausübenden standen, wie hochgeschätzt sie im Einzelfall auch immer waren, sozial auf gleicher Stufe wie Schneider, Schuster oder Bäcker und bedurften, zumindest bei komplizierten theologischen Aussagen, bei der Gestaltung des Bildes der Anleitung durch einen Theologen.

Die Inschrift hinter Johannes dem Täufer, die Grünewald ihm in den Mund gelegt hat, verweist auf die göttliche Natur Christi, die im Gegensatz zu seiner menschlichen unzerstörbar ist.

Helga ist von der Kreuzigungstafel so beeindruckt, dass sie nicht einmal zum gewohnten Spott über meine kunsthistorischen Belehrungen fähig ist. Der theologisch fundierte Trost, den die Figur des Johannes dem Betrachter spendet, erreicht sie und mich in diesen gottfernen Zeiten nicht. Wir sehen nur den krassen, gnadenlosen, Schauder erregenden Realismus des Bildes, die Verlassenheit des Menschen Jesus. Wir sehen den Schmerz der Maria, seiner Mutter, die Verzweiflung der Maria Magdalena und gehen still, ohne einen Blick auf die anderen, künstlerisch gewiss nicht minder eindrucksvollen Tafeln des Isenheimer Altars zu werfen. Helga hat Tränen in den Augen, und auch ich muss schlucken, als wir hinausgehen in die laue Sommerluft, die von Leid, Schmerz und Trauer nichts weiß.

Ein Radioverbot und eine versteinerte Geliebte – kreuz und quer durchs Elsass

Einsam liegt der Museumspark unter der brütenden Sonne. Weit ist die umgebende Landschaft, eben und konturlos. Wir sind von Colmar kommend nach Marckolsheim gefahren und von dem ganz hübschen Landstädtchen ohne weiteren Aufenthalt weiter in Richtung des nahen Rheins. Auf den bis an den Horizont reichenden und die Landschaft prägenden Maisfeldern bringen einzig turmhohe Überlandleitungen und riesige Speicher eine Vertikale in die flache Oberrheinebene. Selten nur einmal blühen ein paar Blumen am Straßenrand, Klatschmohn, Margeriten und Kornblumen, wie Helga weiß. Ein leichter, heißer Sommerwind treibt Staub von den bereits abgeernteten Feldern, Staub, der die spärliche Flora am Straßenrand gelblich einpudert.

Am Eingang zum umzäunten Museumspark mahnt ein Schild, picknicken und der Gebrauch von Kofferradios seien verboten. Die Würde des Ortes muss gewahrt werden. Eher verlassen und fremd als würdevoll steht der Bunker, den der französische Kriegsminister André Maginot als Teil der nach ihm benannten Verteidigungslinie zu Beginn der dreißiger Jahre des vergangenen Jahrhunderts an der Grenze zu Deutschland bauen ließ. Im Innern, in den schmalen Gängen, Waffenkammern und winzigen Aufenthaltsräumen ist es trotz der Hitze draußen feucht und klamm. Papierfetzen und Kothaufen lassen die Respektlosigkeit erkennen, mit der manche Besucher dem Ort der Erinnerung begegnen. Draußen steht verrostetes Kriegsgerät, Panzer, Kanonen, gepanzerte Fahrzeuge. Eine Tafel erklärt die Funktion des Bunkers und seine Nutzlosigkeit. Die deutschen Truppen umgingen bei ihrem Einmarsch in Frankreich die Maginot-Linie und drangen mit schnellen Panzervorstößen über die belgischen Ardennen nach Frankreich vor.

Bedrückend nennt Helga die Atmosphäre, sinister und stumm bedrohlich. Ich mag ihr nicht widersprechen.

Am späten Nachmittag sitzen wir in Sélestat, das einmal Schlettstadt hieß, in einem Straßencafé. Um uns herum haben sich Männer in mittleren Jahren niedergelassen, Handwerker, wie es scheint, die die Zeit bis zum Abendessen bei einem Aperitif mit munteren Gesprächen verbringen. Wir verstehen nicht alles, das elsässische Französisch hat für unsere Ohren so seine Tücken. Auch wenn die Männer unvermittelt und oft mitten im Satz ins Elsässische wechseln, haben wir Verständnisschwierigkeiten.

Wir lassen den Tag noch einmal Revue passieren. Als wir über die Nutzlosigkeit der Maginot-Linie sprechen, beugt sich ein Mann vom Nebentisch zu uns herüber und sagt:

»Die Maginot-Linie war von Anfang an Unsinn und hat einen Haufen Geld gekostet. Moderne Panzer wären besser und billiger gewesen. Ihr General Guderian hat das begriffen, und deshalb sind wir überrannt worden.«

Ich weiß nicht recht, was ich dazu sagen soll, und auch Helga ist das Gespräch sichtlich unangenehm. Unser neuer Bekannter, der sich als Jean Pierre Schneider vorstellt, fährt fort:

»Dasch Dumme an der Sach' ischt, dass Charles de Gaulle schon als junger Hauptmann eine starke Panzertruppe zur Verteidigung vorgeschlagen hat. Aber wer hörte damals schon auf einen Hauptmann.«

Dass der spätere Staatspräsident und zusammen mit Konrad Adenauer der Stifter des besonderen Verhältnisses zwischen Frankreich und Deutschland ein erzkonservativer Mann war, ändert an seiner historischen Rolle für Frankreich und Europa nichts, finden wir, und Jean-Pierre bestätigt unsere Meinung:

»Ich bin ja Mitglied der Sozialistischen Partei und halte nicht viel von den Gaullisten. Aber der Alte selbst war in Ordnung. Mein Vater hat unter ihm gedient, in den FFL.«

»FFL? Was ist das?«, will Helga wissen.

»*Forces Françaises Libres.* Wie sagt man auf Deutsch? Freie Französische Wehrmacht?«

»Besser ›Streitkräfte‹«, korrigiere ich Jean Pierre, und er lacht.

»Stimmt«, sagt er, »›Wehrmacht‹, das klingt nach den Nazis. Und gegen die hat mein Vater gekämpft. Er ist de Gaulle ins Exil nach England gefolgt. Bei der Einnahme von Paris war er dabei. Er hatte das ›Croix de Guerre‹.«

Wir unterhalten uns noch ein wenig über den General und Staatsmann, der die deutschenfreundliche Regierung des Marschalls Pétain in Vichy nicht anerkennen wollte. Einig sind wir in unserer Meinung über den Mann, der aus dem Exil gegen die Nazis kämpfte, in viel beachteten Rundfunkreden zum Widerstand aufrief und dafür von der Vichy-

Regierung in Abwesenheit zum Tode verurteilt wurde. Und dass er nach Kriegsende nicht Gleiches mit Gleichem vergalt, wollen wir auch nicht vergessen. Ein französisches Gericht hatte über den ins deutsche Sigmaringen geflüchteten Pétain wegen Kollaboration mit dem Kriegsgegner die Todesstrafe verhängt, aber de Gaulle wandelte sie in lebenslange Haft und Verbannung um. Auch wollen wir uns daran erinnern, dass er im Pariser Mai 1968, als er wieder einmal Staatspräsident war und Studenten und Arbeiter die Revolution probten, es ablehnte, den mit ihnen sympathisierenden Sartre verhaften zu lassen. »Voltaire verhaftet man nicht«, war seine bündige Antwort auf das Ansinnen seines Polizeiministers.

Jean Pierre teilt bei aller Würdigung der Verdienste de Gaulles meine an Ehrfurcht grenzende Wertschätzung nicht, und Helga pflichtet ihm bei. De Gaulle habe schon genau gewusst, was er tat, ist ihre Meinung; ein schlauer Fuchs, der in einem Land, das seine Philosophen und Schriftsteller über alles schätzt, sich nicht dem Verdacht der Geistfeindlichkeit aussetzen wollte. Einen Vergleich seiner intellektuellen Gegner mit Ratten und Schmeißfliegen, wie ihn in Deutschland einst Franz Josef Strauß anstellte, hätten ihm seine Franzosen kaum durchgehen lassen.

Dabei wollen wir es dann bewenden lassen. Wir verabschieden uns von M. Schneider und fahren zum nahen Campingplatz.

Am nächsten Morgen kaufen wir bei dem Campingplatzbetreiber, der ein sehr gutes und fast akzentfreies Deutsch spricht, Croissants. So locker, so leicht haben wir sie lange nicht mehr gegessen, loben wir die Kunst der französischen Bäcker.

»Ach«, sagt unser Mann, »die Deutschen können vieles, aber anständige Croissants machen, das können sie nicht.«

Wir glauben ihm gerne und brechen zu einem Spaziergang in die gepflegte und hübsche Altstadt auf. Vor fast jedem Fenster der gediegenen, oft Jahrhunderte alten Häuser hängen Blumenkästen voller üppig blühender, in der Morgensonne blutrot aufleuchtender Geranien. Leider hat die berühmte Humanistenbibliothek mit ihren Buchschätzen aus dem fünfzehnten und sechzehnten Jahrhundert geschlossen. Bei einem letzten Kaffee in Sélestat werfen wir einen Blick in die »Dernières Nouvelles d'Alsace«, die größte Zeitung des Elsass, mit französisch – wie deutschsprachiger Ausgabe. Dass das Deutsch der »Elsässer Neuesten Nachrichten«, wie man den Titel wohl übersetzen müsste, manchmal, sagen wir wohlwollend, ein wenig gewöhnungsbedürftig ist, nun, das finden wir nicht weiter schlimm.

Helga, die in einer Woche wieder zu Hause sein will, drängt auf Weiterreise. Doch einen Abstecher nach Straßburg, darauf bestehe ich, müssen wir noch machen. In der Hauptstadt des Unterelsass haben wir keinen Blick übrig für die Idylle des Viertels *La petite France* am Ufer des Flüsschens Ill; auch durch die engen, malerischen Altstadtgassen geht es im Eiltempo, vorbei an den zahlreichen Fachwerkbauten und den imposanten Adelspalais aus verschiedenen Jahrhunderten. Selbst für das Münster, dieses Wunderwerk romanischer und gotischer Baukunst, haben wir nur wenig Zeit. Mich zieht es in das Haus der ehemaligen Straßburger Bauhütte, jener für das Mittelalter typischen Organisationsform der Bauhandwerker an Kathedralen, Kloster- und Stiftskirchen, die unter der Aufsicht eines meist »Werkmeister« genannten Architekten ihre eigene Rechtsform jenseits der Zunftgebundenheit städtischer Handwerker hatte. Im heute dort untergebrachten Münstermuseum sind herausragende Beispiele mittelalterlicher Malerei und Großplastik zu bewundern. Unter diesen liebe ich seit frühen Jugendjahren besonders die Figuren der »Ecclesia« und der »Synagoge«, die die siegreiche christliche Kirche und das unterlegene Judentum personifizieren und einst zu beiden Seiten des Südportals vom Querhaus des Münsters standen.

Die um das Jahr 1200 von einem unbekannten Künstler geschaffenen Frauengestalten sind, so glaube ich und versichere es Helga, das schönste und ergreifendste Beispiel dieser Skulpturengruppe. Beide sind überschlank und gelängt, aber welch ein Unterschied im Ausdruck. Selbstbewusst die Ecclesia mit der Krone auf dem Haupt, dem siegesgewissen Lächeln auf dem ebenmäßigen Gesicht und den Symbolen des Christentums, der Kreuzfahne in der einen, dem Kelch in der anderen Hand. Dagegen die Synagoge! Ihr Haupt mit dem lockigen Langhaar hält sie in stummer Trauer gesenkt, die Augen verhüllt eine Binde als Zeichen ihrer Blindheit gegenüber der Wahrheit des Evangeliums; die Lanze, die sie in der Rechten hält, ist geknickt, ihrer Linken entgleiten die Gesetzestafeln des Alten Testaments. Doch unterläuft die künstlerische Ausführung dieser Figur jede möglicherweise vom Auftraggeber gewünschte Verächtlichmachung des Judentums, wie sie schon das Mittelalter kannte. Ist die Ecclesia strahlend schön, so bezaubert ihre Schwester mit Anmut, mit der zarten Gebrechlichkeit und der erotischen Ausstrahlung ihres Körpers, der sich unter den flachen Gewandfalten abbildet, mit atemberaubender Grazie.

Helga hört meinen panegyrischen Ergüssen zunächst aufmerksam, dann mit zunehmend spöttischer Miene zu.

»Na dich hat's ja erwischt«, sagt sie.

»Meine Geliebte seit Jugendtagen«, antworte ich, »seit ich zum ersten Mal hier war.«

»Wie alt warst du denn da?«

»Gerade sechzehn und in den Sommerferien auf Tramptour durch Frankreich. Mich hat die Synagoge schlicht umgehauen; und ich war sofort in sie verliebt.«

»Gut, dass ich dich damals nicht gekannt habe. Das wäre ja nicht zum Aushalten gewesen. Wer kann schon mit solch einem ätherischen Wesen konkurrieren, noch dazu einem derart alterslosen.«

Ich verweise Helga ihre losen Reden und verlange Respekt vor der Schönheit der Synagoge und der Tiefe meines Gefühls.

»Is ja jut«, sagt sie, nun wieder im tiefsten Berlinisch, »wenn de dir mit so eener Jeliebten aus Stein zufrieden jibst, will ick dir da nicht rinreden.«

Nach und in Burgund

Weingläser, Asterix und Brigitte Bardot – durch Lothringen

Wir haben das Elsass verlassen und sind auf der *Route Nationale 4* nach Lothringen gefahren. Ärmlicher, weniger farbenfroh als im Elsass sind hier auf der Westseite der Vogesen die Dörfer und Flecken. Meist fehlt der Blumenschmuck an den Häusern, oft blättern Verputz und Farbe von den Wänden. Hier und da zeigen sich Löcher wie Zahnlücken in den tief heruntergezogenen Dächern. Gewaltige Holzstöße lagern vor den Wohn- und Stallgebäuden; würziger Geruch nach dem Rauch von Kiefernholz lässt vermuten, dass hier selbst noch der Küchenherd mit dem traditionellen Brennmaterial befeuert wird.

Im Vogesenvorland blühen vielfarbig Blumen auf den Wiesen, ein Zeichen, dass man mit dem teuren Dünger sparsam umgeht. Kühe liegen geruhsam mit den Kiefern mahlend im Gras. Neben den von zu Hause bekannten schwarzweißen Holstein Friesians sind es dunkelrote und, je weiter wir nach Osten fahren, immer häufiger die cremefarbenen mächtigen

Charollaisrinder. Noch ist hier, so scheint es uns, die Landwirtschaft nicht so durchrationalisiert wie im Elsass.

In Baccarat machen wir Halt. Helga möchte ein paar Weingläser kaufen. In der Durchgangs- und Hauptstraße bis in die Nebenstraßen hinein reiht sich Geschäft an Geschäft, in denen eine überreiche Auswahl an Kristallglas, für dessen Produktion die Kleinstadt weltweit bekannt ist, angeboten wird. Von verschnörkeltem Neobarock über abenteuerliche Geschmacklosigkeiten in den Blähformen eines außer Rand und Band geratenen neunzehnten Jahrhunderts bis hin zu klaren Konzepten à la Bauhaus ist hier alles im Angebot, was menschliche Phantasie und Stilempfinden sich auszudenken vermögen. Mein Fall ist solche Vielfalt nicht, sie erschlägt mich. Helga aber ist in ihrem Element, wenn sie nach Herzenslust stöbern, suchen, betrachten, verwerfen kann, bis sie schließlich das eine, das ultimativ schönste und beste Stück gefunden hat. Ich lasse sie also alleine, schlendere durch das nicht weiter bemerkenswerte Städtchen und verzichte auf den Besuch des Kristallmuseums. Auch der Kristallbrunnen, den die Tourismuswerbung fleißig als Sehenswürdigkeit anpreist, kann mich nicht zum längeren Hinschauen verlocken. Aber ganz entkomme ich dem anscheinend allgegenwärtigen Material nicht. Eine Betonkirche am Ufer der Meurthe, die durch Baccarat fließt, hat in die Wände wie Glasbausteine eingelassene Kristallfenster, die das Innere angeblich in ein mystisches Licht tauchen, verrät mir ein Reiseführer. Weil die Kirche aus den fünfziger Jahren aber geschlossen ist, eine Seltenheit im katholischen

Frankreich, lässt sich das nicht überprüfen. Also gehe ich an diesem sonnigen Spätvormittag ein wenig am Ufer der Meurthe spazieren und atme tief die Düfte des Frühsommers ein.

Eine Brücke über den Fluss führt zum Rathausplatz mit dem imposanten Rathaus von 1924 im Neo-Renaissance-Stil. Die flandrisch-burgundischen Formen mit den großen Kreuzstockfenstern und dem hohen Steildach erinnern daran, dass Teile Lothringens auch einmal zum Herzogtum Burgund gehörten. Gegen solche traditionellen Architekturstile wetterte zwar der große Le Corbusier, der seine überzeugendsten Beispiele des Neuen Bauens in Frankreich verwirklichte. Trotzdem geht man hier, so will es mir seit jeher scheinen, sehr viel unverkrampfter als in deutschen Landen mit der architektonischen Tradition um. Man mag das ahistorisch, verkitscht oder gar verlogen nennen, aber das Rathaus von Baccarat strahlt ganz unverkrampft eine gewisse Würde aus.

Da es zu meinen Reisegewohnheiten gehört, grundsätzlich dort, wo ich gerade bin, die örtliche oder regionale Zeitung zu lesen, suche ich ein *Maison de la Presse*, eines der meist sehr guten, auch international sortierten Zeitungsgeschäfte, wie sie in Frankreich selbst in kleinen Orten zu finden sind. Ich brauche dann auch nicht lange zu suchen und kaufe mir einen *Le Républicain Lorrain*. Angeblich, so habe ich irgendwo gehört, gibt es von dieser größten Zeitung Lothringens auch eine deutsche Ausgabe, aber von der weiß hier in diesem seit jeher rein frankophonen Gebiet niemand etwas. Wie mit Helga verabredet, setze ich mich in ein Straßencafé nahe unserem Parkplatz und blättere ein wenig im *Républicain,* der seine antimonarchistische Haltung zwar kämpferisch im Namen vertritt, sich aber mit einer Reportage und mehreren Fotos über ein Treffen von Autoveteranen der Luxusmarke Lorrain-Dietrich ausgesprochen zivil gibt. Das gilt auch für die Berichte über das nahe bevorstehende *Bac*-Examen, die »Abi«-Prüfung, die in ganz Frankreich an den gleichen Tagen im Juni und mit identischen Aufgaben abgelegt wird. Dass die Endnoten dann bis auf die zweite Stelle nach dem Komma berechnet und Ranglisten der Schüler veröffentlicht werden, daran nimmt hier niemand Anstoß. Ein Erbe der Französischen Revolution, die neben Freiheit und Brüderlichkeit vor allem die Gleichheit auf ihre Fahnen geschrieben hatte. Dass es mit der Brüderlichkeit nicht weit her ist, wenn man Kinder aus der Unterschicht oder von Migranten und den Nachwuchs des Bildungsbürgertums gleich behandelt, wird in Frankreich zwar gelegentlich diskutiert, aber an eine Abschaffung des egalitären Prinzips der Prüfungen denkt im Ernst niemand. Der Satz »Wer Ungleiche gleich behandelt, produziert Ungleichheit« wird dann meist auch verständnisloses Kopfschütteln hervorrufen. Die durchaus positive Kehrseite der Medaille ist, dass seit Napoleons Zeiten der Ganztagsunterricht in der Schule der Normalfall ist und dass bei intensiven Wiederholungen des Lehrstoffs die Lehrer Nachhilfe leisten und das gemeinsame Mittagessen selbstverständlich kostenfrei ist. So wird trotz des strengen und mitleidslos erscheinenden Systems mehr soziale Gleichheit, was höhere Schulabschlüsse angeht, als in Deutschland erreicht.

Schon bald kommt Helga angeschlendert, die in überraschend kurzer Zeit fündig geworden ist und mir stolz zwei Weingläser zeigt, an denen ich beim besten Willen nichts Besonderes entdecken kann. Weil ich sie aber nicht verärgern oder des ästhetischen Plebejertums gescholten werden will, sage ich scheinheilig:

»Sehr schön. Ja wirklich, wunderbar.«

Sie schaut mich ob meiner Eloge misstrauisch an, sagt aber nichts. Schnell zeige ich ihr, um sie abzulenken, den Artikel über das *Bac*, der sie als Lehrerin natürlich interessiert. Das Prinzip der landesweit gleichen Prüfungsaufgaben, die von anonymen Korrektoren zensiert werden, vor allem aber der Ganztagsschulen mit umfassender Betreuung findet sie sehr vernünftig.

»Wer die Berliner Verhältnisse kennt«, sagt sie, »kann eigentlich nur dafür sein.«

Nur wenige Kilometer sind es bis Fontenoy-la-Joûte. An die dreißig Schilder zeigen am Eingang des 300-Seelen-Dorfes in sämtliche Himmelsrichtungen und geben präzise Entfernungen zu Orten auf vier Kontinenten an. Nach Mühlbeck in Sachsen-Anhalt sind es, so lesen wir, genau 763,3 Kilometer, nach Nazca, das bekanntermaßen in Peru liegt, müssen 10200 Kilometer zurückgelegt werden, und wer die Heimat des Dalai Lama im tibetischen Lhasa kennen lernen möchte, darf sich auf eine beschwerliche Reise von exakt 8387 Kilometern Länge begeben.

Was alle diese Orte eint, basiert auf der genialen Idee eines skurrilen Walisers namens Richard Booth. Im Landstädtchen Hay-on-Wye an der Grenze zu

England eröffnete der Absolvent der Universität Oxford in den sechziger Jahren des vergangenen Jahrhunderts ein Buchantiquariat. Kollegen hielten ihn für verrückt. Wer sollte schon in eine sterbende Stadt kommen, die ihre Bedeutung als Marktflecken längst verloren hatte, in der es keine Kneipe, keinen Schlachter, Lebensmittelhändler oder Bäcker mehr gab. Falsch, argumentierte Richard Booth, umgekehrt werde ein Schuh daraus. Hay liegt in einer landschaftlich reizvollen Gegend, die Mieten für jede Menge leer stehender, aber solide gebauter Häuser waren damals niedrig, und größere Städte gibt es in einer Entfernung, die auch für Tagesausflügler noch nicht zu groß ist. Alles kaum zu überschätzende Standortvorteile. Und Richard Booth behielt recht, zumal er sich auch noch als Marketingexperte entpuppte. Er rührte eifrig die Werbetrommel für seine »Bücherstadt« und förderte mit Vorträgen und umfangreicher Korrespondenz die Ansiedlung von weiteren Buchantiquariaten. Mehr als dreißig, oft hoch spezialisierte Geschäfte konnte er schließlich nach Hay locken. Als er die Stadt auch noch zum unabhängigen Königreich ausrief, sich eine Krone aufs Haupt drückte, auf einem Thronsessel aus Büchern Platz nahm und seinen werbeträchtigen Schabernack mit der Ausgabe essbaren Geldes auf die Spitze trieb, war ihm die mediale Aufmerksamkeit sicher. Fernsehteams aus aller Herren Länder gaben sich gegenseitig die Klinke zu seinem Laden in einem malerischen Fachwerkhaus in die Hand.

Die Besucher kamen in jenen Jahren vor der mühelosen Recherche im Internet aus der gesamten Welt, um etwa seltene Bücher aus dem neunzehnten

Jahrhundert über Bienenzucht in einem auf Biologie spezialisierten Antiquariat zu erstehen oder in einem *Poetry Bookshop* einen schon seit Jahrzehnten vergriffenen Gedichtband. Und sie kommen auch heute noch. Für einen Bücherfreund ist schließlich das Herumstöbern und -suchen in überladenen, schiefen Holzregalen, ist die Geruchsmischung aus Staub und leichtem Moder, ist das Odeur von vergilbtem Papier, der Anblick zerschlissener Buchumschläge geradezu erotisierend.

So ist aus der sterbenden Stadt Hay-on-Wye ein Ort von robuster Gesundheit geworden, in dem jährliche Buchwochen und andere literarische Events und Tamtam für Resonanz beim Publikum sorgen. Die beiden Hotels in denkmalgeschützten Häusern sind häufig ausgebucht, die vielen Restaurants, Cafés und Pubs können über Gästemangel nicht klagen, und Lebensmittelhändler, Schlachter und Bäcker haben ebenfalls ihr Auskommen. Nur die Mieten sind nicht mehr so niedrig wie damals, als ein Außenseiter der Branche seinen ach so erfahrenen Kollegen vormachte, wie man Schwung in den Handel mit antiquarischen und anderen *second hand* Büchern bringt.

Der König von Hay-on-Wye zu sein, damit gab sich Richard Booth aber nicht zufrieden. Unermüdlich propagierte er weltweit die Gründung von Bücherstädten und -dörfern. Wieder mit Erfolg. Inzwischen gibt es über dreißig von ihnen in Europa und Asien, in Australien und Amerika.

Auch unser verschlafen wirkendes lothringisches Dörfchen Fontenoy-la-Joûte hat Richard Booths Idee aufgegriffen. Gemächlich geht es heute zu. Manche der gut fünfzehn Antiquariate haben nur am

Wochenende geöffnet, in anderen sitzen bärtige Männer vor der Ladentür oder in der Einfahrt funktionslos gewordener Scheunen und führen gelassen ihre oft von längeren Pausen unterbrochenen Gespräche. Hier hat die allerorten geschmähte Zigarette noch eine ökologische Nische, ein Rückzugsgebiet gefunden. Auf den Tischen liegen die charakteristischen blauen Gitanes- und Gauloisesschachteln, und die Männer qualmen wie zu den besten Zeiten der Filme Jean-Pierre Melvilles. Eine ganze Reihe dieser Scheunenantiquariate hat sich auf Comics, alte Zeitschriften und Filmjournale spezialisiert. Schließlich gelten die Klassiker der *Bandes dessinées* wie »Tintin«, das auf Deutsch als »Tim und Struppi« firmiert, oder »Lucky Luke« und in den letzten Jahren der allgegenwärtige »Asterix« nicht unbedingt als leichte Unterhaltung, sondern als ernst zu nehmende Kunstform. Und dass man in Frankreich auf seine reiche Filmtradition stolz ist und auch entsprechende Paraphernalia wie Programme, Plakate oder Werbemittel sammelt, versteht sich von selbst für eine Nation, die seit Jahrzehnten dem Mainstream des übermächtigen Hollywood mit ebenso erfolgreichen wie künstlerisch bedeutenden Filmen Paroli bietet.

Wir betreten eines dieser Antiquariate und fragen den in ein Schachspiel versunkenen Besitzer, dem eine halb gerauchte Zigarette wie einst Jean Gabin an der Unterlippe klebt, nach Asterixheften. Er macht sich gar nicht erst die Mühe, die Zigarette aus dem Mund zu nehmen, sondern wedelt ein wenig mit der Hand und deutet in die Tiefe der Scheune. Sein Sohn aber steht bereitwillig vom Schachspiel auf, führt uns an ein Regal, und zu meinem Erstaunen entdecke ich eine plattdeutsche Übersetzung: »Asterix un de Wikingers«. Die muss ich haben. Helga hat sich währenddessen bei den Modejournalen aus den fünfziger Jahren umgesehen und kommt beglückt mit einem Stapel alter »Elle« und »Marie Claire« zurück, die den »New Look« Christian Diors ebenso feiern wie Coco Chanels eher praktische, dabei ungeheuer elegante Kleider und Kostüme. Helga, die neben ihrem Beruf als Kunstlehrerin auch für eine freie Schauspieltruppe als Regisseurin und Maskenbildnerin arbeitet, wird sich von ihnen für die Kostüme in einer Inszenierung von Sartres Klassiker »Geschlossene Gesellschaft« inspirieren lassen.

Mir, sage ich, gefallen schöne Kleider zwar auch, aber mehr noch die Frauen, die durch sie noch schöner werden. Helga murmelt zu meiner Einlassung zwar so etwas wie »Typisch Mann«, aber sie folgt mir doch zu den Regalen mit alten Filmprogrammen. Sie sind etwas unsystematisch sortiert, mit der Hilfe des jungen Manns aber, der inzwischen das Schachspiel mit seinem Vater beendet hat und gerade die Figuren für ein neues auf das Brett stellt, finde ich, was ich suche und meinem Freund Thomas, der ein Filmfreak ist und den französischen Film besonders bewundert, mit nach Hause bringen möchte. Das Programm zu Roger Vadims Film »Et Dieu créa la femme«, der auf Deutsch den dämlichen Titel »Und immer lockt das Weib« trägt und die sexuell aufgeladene unschuldige Schönheit der blutjungen Brigitte Bardot feiert, gehört genauso zu diesen Fundstücken wie die zu einer anderen Ikone des französischen Films. In Louis Malles »Fahrstuhl zum Schafott« schafft Jeanne Moreau ihren Durchbruch als ernst zu nehmende Schauspielerin ebenso wie Brigitte Bardot in Clouzots »Wahrheit«. In jenen Jahren stand »BB«, wie das Markenzeichen der Bardot nun lautete, auch Modell für die »Marianne«, die Frauenfigur als Personifikation Frankreichs.

»Kannst du dir vorstellen«, frage ich Helga, »dass man in Deutschland für eine Germania an Gudrun Landgrebe oder Veronika Ferres Maß nimmt?«

Sie antwortet wie erwartet:

»Quatsch nicht.«

Trotzdem, sage ich, sei die in französischen Amtsstuben einst ubiquitäre Brigitte-Marianne, die inzwischen von Catherine Deneuve und seit zehn Jahren von Laetitia Casta abgelöst wurde, harmloser, schöner und eleganter als die korpulenten Germaniafiguren des deutschen Kaiserreiches, mit denen Willem zwo allerorten dräuen ließ. Und das Argument, dass man das Heute nicht mit dem Damals vergleichen könne, gelte, gebe ich zu bedenken, auch nicht. Schließlich sei die wohlgeformte Marianne mit Jakobinermütze und einer freien Brust, wie Eugène Delacroix sie anlässlich der Julirevolution von 1830 auf dem Bild »Die Freiheit führt die Revolution« gemalt hat, seit langem ein nationales Freiheitssymbol.

Helga gibt sich mit meinem Beitrag zu unserem Meinungsaustausch zufrieden. Nur bei dem Wort »wohlgeformt« verdreht sie entnervt die Augen und stößt nur »Männer!« hervor. Das klingt wie ein Trompetensignal zum Angriff. Doch ich fürchte mich nicht, sondern sage:

»Das sehen aber die Franzosen und gerade auch die Französinnen ganz anders.«

Ein Plakat, auf dem die Rivalinnen Jeanne Moreau und Brigitte Bardot als mexikanische Anarchorevoluzzerinnen in Louis Malles »¡Viva María!« hinter einem Maschinengewehr posieren, nehme ich auch noch mit aus dem Scheunenantiquariat, und um den Einkauf komplett zu machen, kann ich dem Programm zu Buñuels »Belle de Jour« mit der ebenso schönen wie eleganten Catherine Deneuve nicht widerstehen. Helga, die mir bei den Bardot-Fundsachen deutlich zu verstehen gegeben hat, dass sie meine Begeisterung zumindest in Teilen für sexistisch motiviert hält, billigt diese Entscheidung.

»Da kann ich aber von Glück sagen«, kommentiere ich ihre Einlassung und hoffe, ausreichend ironisch zu klingen, aber sie sagt ungerührt:

»Kannst du.«

Als wir zum Bezahlen an die museumsreife Registrierkasse von Anno dunnemals treten, beäugt der Buchhändler kritisch die von uns erstandenen Objekte. Zu Helgas Modezeitschriften nickt er zustimmend, und auch die Filmprogramme betrachtet er mit Wohlwollen. Nur über das zu Roger Vadims filmischer Huldigung an die leichtgeschürzte Bardot, die er bald nach dem Ende der Dreharbeiten heiratete, schüttelt er missbilligend den Kopf und sagt:

»Ein Scheißfilm. Was wollen Sie denn damit?«

Wie bitte?

»Oui, un film de merde.«

Helga sieht mich triumphierend an und stimmt dem plötzlich gesprächig gewordenen Buchhändler sofort zu. Nicht wahr, oberflächlich sei der Film. Ja und banal, dazu sexuell ausbeuterisch, die arme Brigitte Bardot, von ihrem Mann zum Objekt degradiert. Ein verbaler Hagelguss prasselt auf mich nieder, die Wortgeschosse fliegen mir nur so um die Ohren. Ich aber beuge mich dem Verdikt der beiden Verbündeten nicht und insistiere auf meinem Kauf. Achselzuckend knöpft mir der Buchhändler zwei Euro für das obskure Objekt meiner Begierde ab. Dann wünscht er uns, freundlich geworden und wegen des ungewöhnlichen Asterixcomics, den er neugierig betrachtet, bevor er ihn endgültig aus den Händen gibt, milde gestimmt, weiterhin einen angenehmen Aufenthalt in Frankreich, nimmt sogar die Zigarette aus dem Mund und schüttelt uns die Hand. Hinter seinem Rücken blinzelt mir sein Sohn verschwörerisch zu.

Beim Gehen sagt Helga:

»Charme und Würde der französischen Provinz.«

Weil auch ich eine Berliner Großmutter hatte, die voller Sprüche steckte wie ein Hund voller Flöhe, kann ich kontern:

»Ach hör doch uff. Imma die jleiche Leier.«

Wir schlendern durch das in mittäglicher Ruhe vor sich hin träumende, breitärschig sich in die hügelige Landschaft fläzende Dorf. Der Geruch von frisch geschlagenem Holz, das auch hier zu riesigen Stößen aufgeschichtet vor den Häusern liegt, würzt die Luft.

Dem Werk Alfred Jarrys widmet sich das Antiquariat eines Marcel Wayss. Leider ist es geschlossen, und wir können uns nur an seinen Fenstern die Nasen platt drücken und das riesige Wandbild bewundern, das die Figuren des von den Surrealisten hoch geschätzten Schriftstellers feiert. Den bereits 1907 im Alter von nur vierunddreißig Jahren Gestorbenen betrachteten die Surrealisten um André Breton und Louis Aragon als einen der ihren *avant la lettre.* Der verfressene, vulgäre König Ubu, die Inkarnation des ebenso dummen wie brutalen Despoten aus dem gleichnamigen Bühnenstück Jarrys, präsentiert sich dickbäuchig in all seiner Primitivität. Die Uraufführung des radikal antirealistischen, grotesken Werks wurde 1896 zum Skandal und machte seinen Autor zum legendenumwobenen Bürgerschreck. Auch heute noch bühnenästhetisch wie inhaltlich von überraschender Modernität, verwundert es nicht, dass das saturierte Bürgertum des späten neunzehnten Jahrhunderts Anstoß nahm an einem Stück voller abenteuerlicher Wortfindungen, Parodien und Pöbeleien, das seine Inspiration aus den spätmittelalterlichen Romangrotesken Rabelais', aus karnevalesken Spielen, der Commedia dell'arte und dem Horrortheater des »Grand Guignol« gleichermaßen zieht.

Neben dem König Ubu erkennen wir den schmerbäuchigen Dr. Faustroll, den Erfinder der Pataphysik, einer Wissenschaft, die von der Metaphysik so weit entfernt ist wie diese von der Physik und die unter anderem vorgibt, Gott mathematisch genau berechnen zu können. Zu Alfred Jarrys Ehren wurde 1948 in Paris das *Collège de Pataphysique* gegründet, zu dessen Mitgliedern international bekannte Künstler wie der Maler Max Ernst, der Filmregisseur René Clair oder die Brüder Groucho, Harpo und Chico Marx gehörten.

Gerne würde ich eines jeder Weckgläser auf den Fenstersimsen des Hauses von M. Wayss erstehen, in denen er die verzerrten Köpfe des Königs Ubu und des Dr. Faustroll nebst seines Gefährten »Backenbuckel«, eines hundsköpfigen Pavians, und des Gerichtsvollziehers Panmuffel anbietet, aber ich muss den Besuch seines Antiquariats auf einen anderen Tag verschieben.

Kunst und Käse – in Tournus

Graugrün und eilig strömt die Saône durch die leicht hügelige Landschaft des südlichen Burgund. Die Abendsonne malt flüssiges Gold auf das Wasser, und die Bäume werfen zitternde Schatten auf den Fluss. Hinter uns im Gebüsch jenseits des sandigen Uferstreifens wird eine Nachtigall munter und übt Koloraturen. Kurz setzt sie zu einer Arie an, findet aber anscheinend, dafür sei es noch zu früh, und fährt mit einfacheren Etüden fort.

Wir haben unseren Campingbus ein wenig außerhalb von Tournus an das Ufer der Saône auf eine Wiese gestellt. Wieder einmal erweist sich der kompakte VW Bully als das ideale Gefährt für solch eine Reise. Unauffällig genug, um sich mit ihm ohne Aufsehen in die Botanik stellen zu können, und von ausreichender Größe für zwei Personen, zumal mit dem zusätzlichen Bett im hochklappbaren Dach, lässt er sich auch noch einigermaßen annehmbar durch die oft engen Gassen und Straßen Frankreichs manövrieren.

Die lange Fahrt von Lothringen ins südliche Burgund hat uns müde gemacht. Wir gehen den knappen Kilometer immer am Fluss entlang bis zur Brücke, die aus der Stadt hinüberführt in die Bresse, ein gewelltes Grasland voller fetter Wiesen, munterer Bäche und verschwiegener Wäldchen. Hier am Quai de Verdun kenne ich von früheren Reisen her das »Café moderne«, das seinen Namen in einer Zeit erhielt, als seine Ausstattung und sein Raumangebot noch tatsächlich modern waren, also aus den Jahren nach dem ersten Weltkrieg. In Frankreich kann man sich im Allgemeinen an die Regel halten, dass Cafés mit dem Namenszusatz *moderne* oder *du Sport* keinem Designer in die Hände gefallen sind, der ihnen ihre verblichene Schönheit und unordentliche Gemütlichkeit ausgetrieben hat. So hat dann auch das »Café moderne« an der Flusspromenade von Tournus seinen altertümlichen Charme bewahrt. Kalender mit mehr oder weniger bekleideten Damen, die Reklame für Autos, Reifen und Bier machen, hängen an den vom Rauch unzähliger Zigaretten zur Farbe alten Leders eingedunkelten Wänden. Daneben sind vergilbte Bilder längst vergangener Heldentaten lokaler Fußballmannschaften und Fotos stolzer Radfahrer, die irgendein regionales Rennen gewonnen haben, zu sehen. Unter den Aquarellen mit Motiven aus Tournus und Umgebung, die ein ebenso enthusiastischer wie malerisch unbegabter Lokalpatriot dem Café überlassen hat, steht ein teuer aussehendes Rennrad, das der Kellner zur Sicherheit zusätzlich an eine der dünnen und üppig verzierten Deckenstützen aus Eisen gekettet hat. Alles ist so, wie es meiner Meinung nach zu sein hat.

»Hier ist es gut sein, hier wollen wir uns niederlassen«, sage ich.

»Gerne«, antwortet Helga, »aber draußen.«

Draußen, das ist auf der anderen Seite des Quai de Verdun, wo die Tische unter hohen, Schatten spendenden Platanen auf dem Bürgersteig neben der Kaimauer stehen. Wir setzen uns und warten darauf, dass der Kellner die bestellten Speisen und ein Glas Weißwein aus dem nahen Mâconnais bringt.

Helga ist mit ihren gratinierten Weinbergschnecken ebenso zufrieden wie ich mit meinen Nieren in

Dijonsauce, der leichte, helle Wein macht schläfrig, und bald hängen wir mehr, als wir sitzen in unseren Stühlen. Dass gleich auf dem anderen, nur spärlich bebauten Ufer eine grüne Wildnis anfängt, in der sich allerlei ornithologisch nicht weiter Bemerkenswertes herumtreibt und Gute-Nacht-Lieder anstimmt, nehmen wir mit Freude zur Kenntnis. Idylle pur, *douce France* halt. Als die Sonne endgültig ihren Farbkasten zuklappt, der Himmel sich das grelle Rouge einer aufgetakelten Hure abschminkt und der Fluss in der mondlosen Nacht in tiefer, stumpfer Schwärze daliegt, tappen wir im Schein einer Taschenlampe zufrieden zurück zu unserem Wohnmobil.

Am nächsten Morgen führt uns unser erster Weg zu der ehemaligen Abtei- und jetzigen Pfarrkirche hoch über der Stadt. Durch enge Gassen steigen wir hinauf zu dem kleinen Platz, auf dem sie steht. Häuser aus dem sechzehnten, dem siebzehnten und achtzehnten Jahrhundert scharen sich um sie wie die Kücken um die Henne.

Die dem heiligen Philibert geweihte Kirche, dessen Gebeine Mönche auf der Flucht vor Wikingerüberfällen hierher gebracht haben, ist einer der großen romanischen Kirchenbauten Burgunds. Ihre Doppelturmfassade ist das früheste erhaltene Beispiel für eine solche Repräsentationsarchitektur der *ecclesia triumphans*, der triumphierenden Kirche. Sie beherrscht auch heute noch die Silhouette von Tournus, wo kluge Lokalpolitiker darauf verzichtet haben, ihr mit kistenförmigen Hochhäusern der allerneuesten, schon wieder veralteten architektonischen Mode Konkurrenz machen zu lassen. Das ist auch und manchmal gerade in Frankreich nicht durchgehend der Fall.

Die imposante und ästhetisch überzeugende Fassade von St. Philibert stammt aus dem frühen elften Jahrhundert und zeigt die monumentale Einfachheit des *premier style romain,* jener ersten Welle der Romanik, die auf Bauten in der Lombardei zurückgeht. So werden es dann auch lombardische Handwerker gewesen sein, die sie hochgezogen haben. Ihr Mauerwerk ist sorgfältig behauen, aber nicht geglättet, was die Wand wundervoll lebendig erscheinen lässt. Deren Dekoration besteht überwiegend aus sie gliedernden Lisenen – flachen Mauerstreifen- und Rundbogenfriesen. Der Verzicht darauf, die Wand in mehrere Schalen zu zerlegen und sie dadurch kleinteilig aufzulockern, wie es die spätere Romanik tun wird, lässt die Kirche ungeachtet ihrer Größe monumental erscheinen; ein Eindruck, der sich im Inneren fortsetzt. Gewölbe und Arkaden, die das Mittelschiff von den Seitenschiffen trennen, werden von mächtigen Rundpfeilern getragen. Ohne Basis scheinen sie direkt aus dem Boden zu wachsen, sorgfältig aus rosagrauen, grob geschlichteten Steinen aufgemauert bis zur schmalen Deckplatte. Kein Kapitell oder Dienst, keine Kante, kein eingestelltes Säulchen brechen ihren Umriss. Die Rundpfeiler stützen, sonst tun sie nichts. Stützen das Gewölbe, und das ist der Himmel. So schaffen sie, ohne den Blick, den Gedanken abzulenken, die Verbindung von unten und oben, von Erde und Himmel. Ohne Pathos, ohne Dekor konstatieren sie in einem Ernst und einer Unbedingtheit, die in diesem von Licht durchfluteten Kirchenraum heute noch fühlbar sind, die zentrale Glaubensaussage: Gott schuf Himmel und Erde, und die Kirche vermittelt zwischen ihnen.

Die für einen romanischen Bau ungewöhnliche Lichtfülle verdankt die Kirche der genialen und einzigartigen Lösung des Problems, wie man große Fenster in die Außenmauer der Kirchen einbringt, ohne dass diese zusammenbrechen. Statt die Kirche mit Längstonnen zu wölben, die einen Tiefenzug zum Chor hin entwickeln, hat, nachdem ein Vorgängergewölbe schon einmal eingestürzt war, der anonyme Baumeister dem Mittelschiff Quertonnen, also rundbogige Gewölbe quer zur Längsrichtung aufgesetzt, was den Druck auf die Seitenwände mindert und große Fenster zulässt. Im Licht, das durch sie fällt und die Staubkörner in der Luft tanzen lässt, flirrt das Mauerwerk und schimmern die Säulen.

Dunkel ist es dagegen in den Radialkapellen, die von dem Chorumgang abgehen, der für die zahlreichen Prozessionen in einer Zeit gesteigerter Religiosität nötig geworden war. In jeder von ihnen steht oder stand ein Altar, an denen die Mönche des Klosters ihre täglichen Messen lasen.

Bevor ich noch weiter über die architektonischen Besonderheiten und die liturgischen Anforderungen an sie dozieren kann, sagt Helga:

»Morgen wieder. Jetzt will ich auf den Markt.«

Über zwei Kilometer zieht sich der Kleider- und Lebensmittelmarkt durch die schmale Hauptstraße von Tournus mit den denkmalgeschützten Häusern. An ihrem unteren Ende reihen sich die Stände der Bauern und fast noch bäuerlichen Kleinhändler aneinander. Wildschwein- und andere Mettwürste, die so hart sind, dass man nach dem Schneiden gleich das Messer schärfen muss, und Walnüsse kommen aus den Bergen der Franche Comté im Osten, Honig von den Wiesen des weiter westlichen Charollais, wo die riesigen weißen Rinder weiden. Helga, die am nächsten Morgen nach Berlin zurückfahren wird, verfällt in einen Kaufrausch. Für ihre umfangreiche Verwandtschaft, für Freunde und Bekannte möchte sie am liebsten den gesamten Markt aufkaufen und verzweifelt fast an der Aufgabe, herauszufinden, welche der zahlreichen Hartwürste, ob nun die mit Thymian oder die mit Pfeffer gewürzte die beste ist. Also nimmt sie ein ganzes Sortiment von beiden und noch einige andere dazu. Am liebsten würde sie auch eines der nur mit Mais gefütterten Hühner mitnehmen, für die die Bresse bei Gourmets in aller Welt berühmt ist. Schweren Herzens verzichtet sie auf den Kauf der Delikatesse. Die lange Bahnfahrt würde sie wohl nicht überstehen. Aber frische Walnüsse, die müssen in den Korb. Vom Käsekauf kann ich Helga nur mit dem Versprechen abhalten, ich wüsste da eine bessere Lösung.

Für ein letztes ausgiebiges Picknick an unserem Stellplatz an der Saône konsultieren wir noch einmal die Fleischereien der Stadt, kaufen frische Entenrillette in der einen, Kaninchenpastete in der anderen, eine Terrine aus Rind- und Schweinefleisch in der dritten. Zwei Tontöpfchen mit Hasenpastete müssen den Weg nach Berlin antreten. In dicke Lagen Zeitungspapier eingewickelt, werden sie die Reise wohl unbeschadet überstehen. Ob das auch für den Käse gilt, den wir in der Fromagerie, einem Spezialgeschäft, das weit über einhundert Käsesorten im Angebot hat, kaufen, bleibt abzuwarten. Aber wir können uns ja beraten lassen. Selbstverständlich, sagt die Verkäuferin, habe man einen »Bleu de Bresse« vorrätig, nach dem ich frage, weil ich in Frankreich grundsätzlich die Spezialitäten der Region probiere. Aber *non, Madame*, nach Deutschland würde sie ihn nicht mitnehmen. Für unser Picknick möchte sie ohnehin einen »Bleu de Causses« aus dem Süden empfehlen, auch ein Blauschimmelkäse, *oui, Monsieur,* aber mit mehr Charakter als der Industriekäse aus der Bresse. Oder wie wäre es gleich mit einem Roquefort? Ich führe ohnehin in den Ort, aha, ja, dann könne ich den weltberühmten Schafskäse auch dort kaufen. Aber die regionale Spezialität, nach der ich frage, ist selbstverständlich in allen Reifestufen vorrätig. Der »Ami du Chambertin«, ist ein herzhafter Weichkäse aus Rohmilch, dessen orangerote, leicht schmierige Schale mit »Marc de Bourgogne«, dem burgundischen Tresterschnaps, behandelt wurde. Wie wir ihn denn haben wollen, will die freundliche Verkäuferin wissen. Zum sofortigen Verkehr, zum Lagern für zwei, drei Tage oder länger? Im Kühlschrank oder bei Normaltemperatur? Sie holt mehrere Spanschachteln mit der kräftig duftenden Köstlichkeit aus dem Kühlraum und prüft mit Daumen und Zeigefinger den Reifegrad. Den hier, meint sie, könnte Helga auch mit nach Deutschland nehmen, der sei noch ganz jung und frisch und brauche noch ein paar Wochen bis zur endgültigen Reife. In feuchtes Zeitungspapier gewickelt, sei die Kühlung für einen Tag kein Problem. Und der hier, »prüfen Sie mal selbst«, der ist genau richtig für heute oder morgen. Zum Schluss lassen wir uns noch ein paar

Exemplare eines kleinen, festen, mit feiner Holzasche bestreuten Ziegenkäses einpacken. *Oui, Monsieur, Chévre fermier*, direkt vom Bauern.

Die Verkäuferin kramt unter dem Ladentisch eine, wie es scheint, schon mehrere Wochen alte und häufig gelesene Zeitung hervor, *Le Journal de Saône et Loire,* und schlägt die Mitte des Blattes auf. Die Doppelseite zeigt Fotos stolz in die Kamera blikkender Männer und Frauen, die winzige Käselaibe in den Händen halten. Sie sind, wie die fette Überschrift verkündet, die Gewinner eines *Concours*, eines Wettbewerbs, den die Regionalgruppe der *Association pour la défense du Chèvre Fermier* ausgeschrieben hat.

»Und sehen Sie, *Madame*, *voyez, Monsieur,* der kleine Dicke hier, ja genau, der mit dem runden Gesicht, das ist unser Lieferant. Schon seit vielen Jahren.«

Jetzt ist die Zeit für mich gekommen, den intimen Kenner hiesiger Verhältnisse herauszukehren. Ich klaube meine Französischkenntnisse zusammen und setze zu einer Lobrede an.

»Ich sehe«, sage ich oder will es zumindest sagen, »mit Vergnügen und großer Dankbarkeit, dass dieses ehrwürdige Geschäft noch mit der gleichen Kompetenz und Sorgfalt geführt wird wie in den längst vergangenen siebziger Jahren des vorigen Jahrhunderts, als ich die Ehre hatte, hier vorzüglich beraten und bedient zu werden; so, wie ich es im Laufe der Zeit immer wieder zu erleben die Freude hatte. Ich danke Ihnen.«

Die Verkäuferin, die sich als Gattin des Ladenbesitzers entpuppt, schaut mich ob meiner linguistischen Radebrechereien, die wohl nur ganz entfernte Ähnlichkeit mit der erlesenen Rhetorik eines Racine oder Corneille hatten, entgeistert an, hat aber verstanden, was ich zu sagen beabsichtigte.

»*Un moment, Monsieur*«, sagt sie aufgeregt, eilt in die hinteren Räume und kommt gleich darauf mit einem etwa vierzig bis fünfzig Jahre alten freundlich, aber ein wenig ratlos blickenden Mann wieder.

»Dieser Monsieur aus Deutschland«, sagt die Frau, »hat schon bei deinem Vater eingekauft.«

Der Mann trocknet seine Hände an der Schürze ab, reicht mir die Rechte über die Ladentheke und sagt:

»Wirklich? Und seitdem waren Sie nicht mehr hier?«

»Doch«, antworte ich, »oft, aber immer im Abstand von ein paar Jahren. Das letzte Mal ist schon sieben Jahre her.«

Eine Kundin betritt das Geschäft, und sofort beginnen der Ladenbesitzer und seine Frau erregt auf sie einzureden. Dabei zeigen sie auf mich. Ihrem Redeschwall entnehme ich, dass dieser Monsieur aus Deutschland, also ich, schon bei dem Vater und das seit über dreißig Jahren, was für eine Ehre. Auch die Kundin ist beeindruckt und gratuliert mir zu meiner Treue. Als wir uns verabschieden, sagt der stolze Ladenbesitzer:

»Warten Sie aber nicht wieder sieben Jahre, bis Sie wiederkommen.«

Draußen sage ich zu Helga, die sich von dem zu einem mittleren Staatsakt gewordenen simplen Käsekauf beeindruckt zeigt:

»Kannst du dir vorstellen, dass man in Deutschland einen Verband mit Regionalgruppen gründen würde, dessen einziger Zweck darin besteht, die Existenz des traditionell auf Bauernhöfen hergestellten Ziegenkäses zu sichern?«

»Jibt ja ooch jar nich jenuch Ziejenkeese bei uns«, antwortet sie.

»Eben«, erwidere ich und will mit den Worten »Das ist in Frankreich mit seiner kulinarischen…« zu einer weitläufigen Verteidigung der französischen Zivilisation ansetzen, die auf einen mit Sorgfalt produzierten Rohmilchkäse ebenso stolz sei wie auf den Sprachwitz eines Voltaire, da unterbricht mich Helga rüde:

»Ja ja, ick weeß, Charme und Würde der französischen Provinz. Imma die jleiche Leier.«

Ein gut aussehender Mann und eine Eva im Bikini – unterwegs in Burgund

»Bevor du weiterfährst, solltest du aber erst noch einmal zum Frisör gehen.«

Ich tue, was Helga mich beim Abschied auf dem Bahnhof von Tournus geheißen hat. Mit meiner langen wirren Mähne bin ich wirklich nicht mehr repräsentabel, wie mich ein Blick in den Spiegel des Frisiersalons lädt, in dem mich eine hübsche, etwa dreißig Jahre alte Frau freundlich begrüßt. Sie bittet mich Platz zu nehmen, und ich zeige ihr die gewünschte Länge meiner Haare. Sie legt mir einen weißen Umhang um und sagt:

»*Non Monsieur*, so lang« und zeigt mir mit Daumen und Zeigefinger einen erheblich kürzeren Haarschnitt.

»Nein, nein, so lang«, wehre ich mich, und sie setzt zum finalen Angriff an:

»Monsieur, Sie sind ein sehr gut aussehender Mann. Glauben Sie mir, wenn ich Ihnen die Haare so kurz schneide« – wieder die Geste mit den Fingern – »dann werden sie noch erheblich besser aussehen.« Und bevor ich noch etwas zu der offensichtlichen Schmeichelei sagen kann: »Nicht wahr, Françoise?«

Kollegin Françoise bestätigt mit der gleichen freundlichen Ernsthaftigkeit:

»*Bien sûr*, Marie Hélène hat recht, Monsieur.«

Ich kann der geballten Charmeoffensive nicht widerstehen und überlasse meine Haare ganz den ästhetischen Vorstellungen von Marie Hélène. Als sie ihr Werk beendet hat, lässt sie es mich in einem Handspiegel von allen Seiten bewundern und sagt:

»Finden Sie nicht, dass Sie so viel besser aussehen?«

Ich bin mir da zwar nicht sicher, sage aber heuchlerisch:

»Ja wirklich, Sie haben recht.«

Ein spitzbübisches Lächeln huscht über ihr Gesicht und sie sagt:

»Wussten Sie denn nicht, dass Frauen immer recht haben, Monsieur?«

Ich bestätige:

»Aber gewiss doch.«

Françoise kichert, und ich verlasse den Frisiersalon und schreite erhobenen Hauptes davon. Marie Hélène und Françoise winken mir vergnügt nach. Schade, dass Helga das nicht miterlebt hat. Ein gut aussehender Mann, in der Tat.

Die Nebenstraße nach Cluny führt durch eine Idylle, die wie von Gemälden französischer Landschaftsmaler in die Wirklichkeit transportiert erscheint. Das alte Kulturland ist noch nicht zerstört vom hypermodernen Agrobusiness der Neuzeit. Wie mit Zauberstimme murmelnde Bäche dürfen sich frei durch die leicht hügeligen Wiesen, Weiden und Matten winden, auf denen vielfarbig Blumen blühen. Verwitterte, aber gut erhaltene, mit sonnengelben Flechten bedeckte Steinmauern schirmen das Land gegen die schmale Landstraße ab, und üppige Hecken markieren die Grenzen der einzelnen Flurstücke, auf denen stattliche Einzelbäume und kleine Gehölzgruppen Ausrufungszeichen setzen und dem Auge Halt bieten.

Das, wie eine Tafel am Straßenrand verkündet, aus dem dreizehnten bis siebzehnten Jahrhundert stammende Château Ozenay ist ein großer kompakter Vierflügelbau um einen geräumigen Innenhof. Zwei quadratische und ein mächtiger Rundturm betonen die Wehrhaftigkeit der Anlage. Selbstsicher ruht der aus dem cremefarbenen, mit der Zeit nachdunkelnden Kalkstein der Hügel und Berge dieser Gegend errichtete Bau inmitten der zu ihm gehörenden Ländereien. Etwas abseits des Gutshofes steht ein massiger *Colombier*, ein Taubenturm. Einst sorgte er für die Tafelfreuden der adeligen Besitzer des Gutes.

Vor dem Château scharren Hühner im Gras, auf dem Flüsschen vor seinen hoch aufragenden Mauern gründeln Enten. Das burgundische Arkadien ist von der idealtypischen Schönheit der Bilder bukolischer Landschaften Claude Lorrains. Hier ist das Königreich der Charollaisrinder. Einige grasen mit bemerkenswerter Langsamkeit, andere geben sich, breit zwischen Blumen und Gräsern hingelagert, mit genüsslich mahlenden Kiefern und ansteckender Gemütsruhe dem Wiederkäuen hin.

»Im nächsten Leben werde ich Kuh in Burgund«, hatte bei einer früheren Reise Rotraud gesagt, die ich im nahe gelegenen Cluny treffen werde. Rotraud, die ich seit Kindestagen kenne, stammt aus einer Hamburger Kaufmannsfamilie und ist, so politisch links sie sich gibt, jeder Zoll eine Hanseatin. In ihrem kleinen, aber feinen Verlag in Berlin veröffentlicht sie neben Biographien vergessener Künstlerinnen und Frauenrechtlerinnen vor allem Literatur, die die gängigen Theorien zur Genese psychischer Krankheiten kräftig gegen den Strich bürstet und diese Krankheiten auf ihre gesellschaftlichen Ursachen befragt. Außerdem erscheinen dort auch gehaltvolle Bild- und Textbände zur Architektur. Meist macht Rotraud, die neben einem Studium der Kunstgeschichte auch eine Fotografenausbildung absolviert hat, die Fotos zu ihren Büchern selbst. Weil ich ihr von der burgundischen Romanik und speziell der im Brionnais, dem südöstlichen Zipfel Burgunds, vorgeschwärmt habe, wird sie mich ein paar Tage in dieser touristisch fast noch unentdeckten Ecke Frankreichs begleiten.

Dass Cluny touristisch unentdeckt sei, lässt sich freilich nicht behaupten. Vor allem die immer noch staunenswerten Reste der den Aposteln Petrus und Paulus geweihten Abteikirche, der dritten an diesem Ort, sind gewaltig und Anziehungspunkt für Menschenmassen aus aller Welt. Der in den letzten beiden Jahrzehnten des elften Jahrhunderts begonnene Bau führte so prägende Neuerungen wie das Spitztonnengewölbe, den dreizonigen Wandaufriss und den Chorumgang mit Radialkapellen in die Kirchenbaukunst der Romanik ein. Die vor dem Neubau von St. Peter in Rom größte Kirche der Christenheit wurde nach der Französischen Revolution an einen Bauunternehmer verkauft, der sie als Steinbruch benutzte. Napoleon ließ aus dem Material das staatliche Gestüt von Cluny bauen. Dass von dem Kloster unter Abt Hugo, dem Erbauer der Kirche, bedeutende geistliche Reformen ausgingen, eben die »cluniazensischen Reformen«, die neben der strikten Beachtung der benediktinischen Ordensregel »ora et labora«, »bete und arbeite«, auch weit reichende und segensreiche landwirtschaftliche Neuerungen wie die Dreifelderwirtschaft einführten, vergaß man bei der Zerstörung der Symbole einer wegen ihrer Ausschweifungen verhassten Kirche gerne.

Rotraud, die ich im Cluny-Museum getroffen habe, wo sie die irgendwie geretteten Reste der Bauskulptur der Kirche fotografiert hat, weiß nicht recht, was sie von der Bilder- und Kirchenstürmerei der Revolutionäre halten soll. Einerseits schlägt bei ihr das Herz, Herkunft aus hanseatischer Kaufmannsfamilie hin, gediegene Bürgerlichkeit im Auftreten her, ausgesprochen links, andererseits, und es ist ein recht großes Andererseits, blutet ihr eben dieses linke Herz beim Anblick der Zerstörung eines der künstlerisch und kunsthistorisch bedeutendsten Bauwerke des Mittelalters. Um ihr ein wenig auf die Sprünge zu helfen, sage ich:

»Es hätte ja wohl auch genügt, wenn man das Kloster aufgelöst und die Mönche sinnvoller Arbeit zugeführt hätte.«

Rotraud nickt, und damit ist das Thema zunächst einmal beendet. Bewundernd sehen wir uns in den als einzigen erhaltenen riesigen Resten der beiden Querschiffe um, dann geht es weiter auf Nebenstraßen kreuz und quer durch das südöstliche Burgund. In Paray-le-Monial können wir uns einen Eindruck davon verschaffen, wie die Abtei Cluny einmal ausgesehen hat. Die Kirche Sacré-Cœur, eine Gründung Clunys und ein von diesem abhängiges Kloster, ist nur wenige Jahre später als die Mutterabtei entstanden und folgt, freilich in sehr viel geringeren Ausmaßen, dem dort entwickelten Bauplan.

Irgendwann fahren wir an einem der alten durch Burgund führenden Kanäle entlang, die heute fast nur noch dem Tourismus dienen, picknicken an einem Schiffsanlegeplatz unter hohen Bäumen und fühlen uns wie Gott in Frankreich. Ins weltabgeschiedene Dörfchen Montceaux-l'Étoile führen uns kurvenreiche Straßen in der immer hügeliger werdenden Landschaft. Die Beschilderung ist, wie immer in Frankreich, wenn es um Hinweise auf Kirchen und Schlösser geht, klar, zurückhaltend und irgendwie, findet sogar Rotraud, würdevoll.

»Eine Nation präsentiert stolz und ohne zu protzen sein Erbe«, sage ich, und außerdem sage ich wieder einmal, ein bisschen inkongruent, zugegeben, aber ich muss meine Maxime unterbringen: »Charme und Würde der französischen Provinz.«

Rotraud sieht mich prüfend an und sagt:

»Du solltest eine Mütze aufsetzen. Die Sonne scheint dir nicht zu bekommen.«

Der winzige Ort Montceaux mit nur wenigen Häusern und Höfen, der an diesem Tag menschenleer wirkt, liegt auf einer Anhöhe. Einen weiten Blick in die umgebende Landschaft hat man vom Kamm des Abhangs, auf dem die winzige Dorfkirche steht. Im Sonnenlicht des frühen Nachmittags leuchtet der goldgelbe Kalkstein ihrer Wände geheimnisvoll auf. Auf dem Bogenfeld und dem Türsturz über dem Portal ist eine sehr lebendige Darstellung der Himmelfahrt Christi zu sehen. Ausgesprochen expressiv wirken die heftig gestikulierenden Apostel, die auf eine würdevolle Madonna zuschreiten, die mit der Hand auf den über ihr in einer Mandorla, einem ovalen Heiligenschein, stehenden Christus weist. Ein stürmischer Petrus trägt einen riesigen Schlüssel, das Zeichen seiner Auserwähltheit, vor sich her wie eine Siegesfahne.

Während Rotraud eifrig fotografiert und sich Notizen macht, sitze ich auf der Mauer, die das Kirchengrundstück umgibt, schaue auf die bewaldeten Höhenzüge, die wie ein Prospekt vor meinen Augen liegen, und summe wieder einmal Charles Trenets »Douce France« vor mich hin.

Weil Rotraud beim Fotografieren Probleme mit den Lichtverhältnissen hat und ein wenig mit Blitzgeräten herumexperimentiert, nehme ich mir die Zeit und lese die Ankündigungen, die eine »Association des amis de l'église de Montceaux-l'Étoile« an der Kirchenwand angebracht hat. Diese Gruppe organisiert in dem scheinbar verschlafenen Nest Vorträge zu den verschiedensten Themen. Ein Astronom wird über den geheimnisvollen zehnten Planeten sprechen, ein Historiker die Rolle Hugos von Cluny als mittelalterlicher Vordenker eines vereinten Europas beleuchten, und ein Professor für Maschinenbau sich über die Energie von Orten, Häusern und Menschen, was immer das ganz genau heißen mag, ausbreiten.

»Vielleicht geht es um Geomantik«, mutmaßt Rotraud und fährt, als ich sie fragend anblicke, fort: »Eine heftig umstrittene esoterische Wissenschaft, die unsichtbare Energieströme untersucht, die sich an manchen Orten zu Kraftlinien und -knoten verdichten, glaube ich.«

Möglich sei das, sage ich, der Professor für Maschinenbau werde ja auch als Geobiologe und Wünschelrutengänger angekündigt.

Im nahen Anzy-le-Duc, dessen Kirche mit einem die umgebenden Häuser hoch überragenden, achteckigen Vierungsturm und weit ausladendem Querhaus zu den bedeutendsten Bauten der frühen Romanik in Burgund gehört, ist auf dem Eingangsportal wieder die Himmelfahrt Christi zu sehen. Hier sind die Figuren steifer. Vielen haben die Revolutionäre von 1789 in ihrem ideologischen Eifer die Gesichter abgeschlagen.

Zahlreich frühromanische Kirchen besuchen wir in den nächsten Tage in diesem verschwiegenen Landstrich voller architektonischer und landschaftlicher Kostbarkeiten; in Semur, dem Geburtsort des Abts Hugo von Cluny, lachen wir über eine Gruppe zankender Bischöfe auf dem Türsturz, in St. Julien-de-Jonzy ärgern wir uns wieder einmal über Revolutionäre, die den Skulpturen die Köpfe abgeschlagen haben, und in Neuilly-en-Donjon amüsieren wir uns königlich über die Skulpturen Adams und Evas, denen der Bildhauer von anno dunnemals Slips angezogen hat, die auch heute noch ausgesprochen modisch wirken.

In der Provence

Antike Peepshows und ein Biologenmantra – von Orange zum Mont Ventoux

»Nein Monsieur«, sagt die Verkäuferin in Orange, »ihre Größe haben wir nicht.«

Auch in den anderen Schuhgeschäften der provenzalischen Metropole zuckt man bedauernd die Achseln, als ich nach Sandalen in der anscheinend enormen Größe 43 frage. Ich komme mir vor wie ein plumper Barbar mit Flurschadentretern von den Ausmaßen eines Kindersargs.

Rolf lacht über meine Misserfolgsstory beim Sandalenkauf. »Die Barbaren«, sagt der deutsche Althistoriker und Archäologe, mit dem ich mich im antiken Theater der Stadt getroffen habe, »waren schon einmal hier, vor fast eintausendsechshundert Jahren. Im Jahre 412 haben marodierende Westgoten Stadt und Theater geplündert. Dabei ist wahrscheinlich auch der da oben zu Bruch gegangen.« Er zeigt auf eine Statue des Kaisers Augustus in einer hoch gelegenen Nische in der Scena, der reich mit Säulen, Pilastern und anderen architektonischen Dekorationsformen geschmückten Bühnenrückwand. »Was du jetzt da siehst, ist eine neuzeitliche Nachbildung, die sich an den gefundenen Resten orientiert. Eine Kopie des Primaporta-Augustus.«

Wie die meisten Experten, die ich kenne, redet sich auch Rolf schnell in Begeisterung, wenn es um sein Spezialgebiet geht, und das ist nun einmal die römische Kaiserzeit.

»Prima was?«, unterbreche ich seinen Redefluss.

»Ach so, ja, Entschuldigung. Sieh mal hier«, er kramt einen Bildband aus seiner Umhängetasche und zeigt auf das Foto einer Skulptur, das einen Mann in römischer Tunika und einem reich verzierten Brustpanzer zeigt, der seine linke Hand wie zum Gruß erhoben hat. Eine herrscherliche Geste, finde ich.

»Ganz recht«, fährt Rolf mit seiner Belehrung fort, »dargestellt ist Augustus, wie er seine Truppen begrüßt und eine Ansprache hält. Die Statue wurde in der Villa der Witwe des Augustus gefunden, in Primaporta bei Rom.«

Rolf zeigt auf das Gesicht des Augustus. »Sieh mal die Stirnlocken, wie eine Zange und eine Gabel. Ebenso typisch wie der Brustpanzer, der Imperatorenstab in der Linken und der kleine Eros auf einem Delphin, siehst du, an Augustus' rechter Wade.«

Und nun folgt eine wasserfallartige Belehrung über Aurora und Luna, Sol und Diana, Apoll und andere Gottheiten, Begebnisse und sonstige Dinge, die auf dem Brustpanzer des Kaisers abgebildet sind und seine angeblich göttliche Abkunft symbolisieren. Mit letzter Kraft frage ich:

»Ja aber was hat das nun mit Orange zu tun? Und wieso steht dieser Augustus hier und nicht dort, wo er gefunden wurde oder in Rom?«

»Die Statue, die hier einmal stand«, sagt Rolf, »war nur eine von vielen des immer gleichen Typs. Sie wurden in alle Ecken des Römischen Reichs geschickt und verkörperten den Herrschaftsanspruch des Augustus und seine Forderung nach Sittlichkeit. Reine Propagandakunst.«

Aha. Jetzt aber weiter. Das im Dreiviertelrund um die Bühne gelegene Theater mit den steil ansteigenden steinernen Sitzreihen bot rund zehntausend Besuchern Platz. Rolf sagt:

»Ganz vorne saßen auf Steinsesseln die Senatoren und andere VIPS der Antike. Dann kamen die Reihen für die *equites*, die Ritter. Sieh mal«, er zeigt auf eine in den Stein der Sitzreihe gemeißelte Inschrift, *equit. grad III*, »ein Sitz für einen Ritter der dritten Rangklasse, gewissermaßen ein Dauerabonnement.«

Weiter oben, so erfahre ich, saßen die Stadtoberen, dann kamen die anständigen Bürger und ganz oben, »uffm Olymp«, wie meine Berliner Großmutter gesagt hätte, amüsierte sich der Pöbel. Die Plebs, Bettler, Ausländer; und Huren, die hier auch ganz gerne einmal ihren Geschäften nachgingen.

»Hier im Theater?«, will ich wissen.

»Klar«, sagt Rolf und grinst, »du darfst dir das römische Theater nicht unbedingt als eine Stätte der Hochkultur nach griechischem Muster oder als modernen Musentempel vorstellen. Der Besuch war für alle frei. Damit hielt man die Leute bei Laune. Du weißt ja, Brot und Spiele. Und die Stücke, die hier gespielt wurden, waren meistens auch nicht die Tragödien eines Seneca. Das waren Lesedramen für die Gebildeten in Rom, aber nichts für das gemeine Volk. Hier gab es Lustspiele und reichlich Klamauk zu sehen. Und Obszönitäten. Im zweiten Jahrhundert erzwangen die Zuschauer, dass die Schauspielerinnen nackt auftraten, und bald darauf kam es dann auch zu Kopulationsszenen auf der Bühne.«

»Du meinst, Peepshows vor zehntausend Menschen?«, frage ich entgeistert.

»Sicher, nur noch derber. Da hing schon einmal eine Frau in einem Gestell, das von oben ein Esel bestieg. Kaiserin Poppaea übrigens, die zweite Frau Neros, soll sich öffentlich auf dem Forum Romanum so präsentiert haben. Aber das war wohl eine Erfindung römischer Klatschbasen. Von Messalina, der Frau des Kaisers Claudius, waren ähnliche Storys im Umlauf.«

»Wenn das Augustus gewusst hätte«, sage ich und Rolf lacht.

»Komm mit«, sagt er und wir gehen zu den Substruktionen, den Mauern und Gerüsten, die die steil ansteigenden Sitzreihen stützen. Von den kühlen Gängen gehen zellenartige Räume ab, deren Decken und Wände teilweise noch heute von dem Rauch antiker Fackeln und Öllampen geschwärzt sind.

»Weißt du, was hier untergebracht war?«, will Rolf wissen.

»Läden und Kioske«, vermute ich, »Fress- und Trinkbuden.«

»Das auch.« Rolf lacht. »Aber in vielen Zellen warteten nach dem Ende der Vorstellung auch die Schauspielerinnen auf zahlende Gäste. Und mit denen haben sie nicht nur Wein getrunken und Nüsse geknabbert.«

Ein Puff in einem Theater. Das ist, finde ich, mal etwas Neues.

»Ach«, sagt Rolf, »in Rom und den Provinzen war man da nicht von besonderen Skrupeln geprägt. Die kamen erst, als das Christentum mit seinem Moralaposteltum die Oberhand gewann. Von da an war es aus mit der Toleranz. Im heidnischen Rom konnte jeder nach seiner Fasson selig werden. Solange er dem Kaiser huldigte, durfte er jeden anderen x-beliebigen Gott anbeten. Damit war es ab 391, als Theodosius das Christentum zur Staatsreligion erhob, vorbei. Und gut hundert Jahre später war dann auch für die Theater Schluss mit lustig. Sie wurden geschlossen.«

Über die alte römische Via Agrippa verlasse ich Orange durch das Stadttor, das kurz nach der Gründung der Stadt im Jahre 40 v. Christus errichtet wurde. In der Form gleicht es einem jener Triumphbögen, wie sie Rom seinen siegreichen Feldherren errichtete und wie sie seither in ganz Europa zu finden sind. In Carpentras mache ich wie schon so oft in den vergangenen Jahren Halt, um einen Blick in die beeindruckende spätgotischen Kathedrale zu werfen. Der riesige, recht dunkle und richtungslos wirkende Saal mit den großen Seitenkapellen ist von düsterer Pracht und Schönheit und so ganz anders als die in Nordfrankreich entstandene Kathedralgotik vom Typus Chartres, Reims oder Köln. Hier in Orange wie an vielen Orten im Süden Frankreichs dunkles Geheimnis, dort im Norden bei allem Mysterium des Spiels der Farben, das durch die hohen Glasfenster fällt, geradezu kristalline Klarheit, Logik, Konsequenz.

Mit einer Marmortafel an einem Haus rühmt sich Carprentras dazu noch, Heimat des Erfinders einer klebrigen Dropssorte zu sein, die der Apotheker und nebenberufliche Dichter Pascal-François Long vermutlich aus provenzalischen Honig und allerlei Fruchtsäften und einheimischen Kräutern zusammengekocht hat. Diesmal verzichte ich darauf, ein Loblied auf die sonst von mir so gepriesene französische Zivilisation zu singen. Nicht nur, weil ich auf meiner provenzalischen Reise alleine bin, sondern vor allem, weil selbst mir bis über beide Ohren in *la douce France* Verliebten nicht glaubhaft scheinen will, dass ein noch so weit gespannter Zivilisationsbegriff die Distanz zwischen Drops und Gotik überbrücken könnte.

Die Ebene der Vaucluse zeigt sich als Garten. Blau blüht der Lavendel auf riesigen, bis zum Horizont reichenden Feldern. Ihre Grenzen definieren die wie Ausrufezeichen die Horizontale akzentuierenden Pappelreihen, die der vom Norden mit fünf bis sechs Windstärken herunter fauchende Mistral zu Fragezeichen krümmt. Dazwischen silbriggrüne Olivenhaine und die violett schimmernden Trauben der Weinstöcke inmitten des kräftigen Grüns ihres Laubs. Ein klassischer Dreiklang und eine Landschaft wie nach den Bildern van Goghs entworfen, der hier seine bei allem persönlichen Unglück fruchtbarsten Schaffensjahre hatte.

Die Straße zum Mont Ventoux, dem seit der Erstbesteigung durch den florentinischen Dichter Petrarca und durch Lance Armstrongs ob seiner erstaunlichen Geschwindigkeit Aufsehen und Zweifel erregenden radfahrerischen Eroberung berühmten Berg, zieht sich in allmählich immer steiler werdenden Serpentinen das Bergmassiv in der Ebene der Vaucluse hoch. Blutrot blüht der Mohn am Straßenrand, in flammendem Sonnengelb der Ginster. Schon bald weichen die Weinberge und Olivenhaine der typischen Macchie, einer durch übermäßige Nutzung der ursprünglichen Eichenwälder durch den Menschen, durch Holzentnahme und intensive Beweidung entstandene Sekundärvegetation aus vielerlei Sträuchern, wie Roland mir erklärt. Roland ist ein deutscher Biologiestudent auf Tramptour durch Frankreich. An einer Tankstelle am Ortsausgang von Carpentras hat er mich angesprochen und gefragt, ob ich ihn nach Arles mitnehmen könne. Jetzt ist er froh, mir naturkundliche Nachhilfestunden geben zu können. Auf halbem Wege zum Mont Ventoux bittet er mich anzuhalten, und ich lenke den Bus auf einen schattig unter Kiefern gelegenen *aire de pique-nique*, einen Rastplatz mit urigen Tischen und Bänken aus schrundigem, von Sonne, Wind und Wetter ausgebleichten Holz. Für den weiten Blick über die unter uns liegende Landschaft hat Roland keinen Blick. Sofort stiefelt er los in die Botanik. Ich folge ihm ins mitunter reichlich stachlige Gestrüpp. Bienengesumm und die tausend intensiven Gerüche von Blumen, Kräutern und Sträuchern, der Anblick einer reglos auf einem Stein lauernden Eidechse, die plötzlich, als ich zu nahe komme, davon huscht, ein im langsamen Tiefflug über der struppigen Macchie gaukelnder Raubvogel, sie entschädigen mich für die Mühe.

Roland redet sich in einen tranceähnlichen Zustand. Ein Ziel seiner Reise, vertraut er mir an, sei ja, mit eigenen Augen das zu sehen, worüber sein Botanikprofessor in einer Vorlesung gesprochen hatte. Ganz ent-, ja verzückt wiederholt er immer wieder im Tonfall eines buddhistischen Mönches, der mit unermüdlicher Hingabe seine Mantras murmelt, die Namen der Pflanzen, die er zu erkennen glaubt. »Myrte und Zistrose, Baum- und Kermesheide, Mastix, Kreuzdorn, Oleander«, höre ich und wieder: »Mastix, Myrte, Kermesheide, Kreuzdorn, Oleander.«

Während Roland weiter in der struppigen Wildnis herumläuft, hier an einem Strauch, an einem zwischen den Fingern zerriebenen Blatt schnuppert oder den Duft einer Blüte mit geschlossenen Augen einsaugt, ziehe ich mich in den Schatten des Rastplatzes zurück, hole Käse, Wurst und Oliven aus dem Kühlschrank, stelle eine Flasche Mineralwasser und den leichten Rosé der Gegend dazu, koche Kaffee und decke den Tisch für eine *collation*, eine Zwischenmahlzeit nach französischem Muster. Nach, wie mir scheint, großzügig bemessener Zeit für mediterrane Trance und botanische Meditationsexerzitien rufe ich nach Roland, der auch sofort kommt und sich höchst erfreut und dankbar für die Stärkung zeigt. Nach dem Essen will er sofort wieder aufbrechen zu einer neuen Exkursion in die Macchie, aber ich dränge zur Weiterfahrt, und er steigt ohne zu murren wieder in meinen VW Bully. Je höher wir kommen, desto mehr weicht die Macchie einem Wald aus Fichten, Kiefern und den immergrünen Steineichen, die auf den ersten Blick so ganz anders aussehen als unsere heimischen Verwandten. Ganze, jetzt freilich verwildernde Gärten von zwergenhaft gehaltenen Bäumen sehe ich. Früher verwendete die arme Bevölkerung die Früchte der Steineichen als Mehl und Kaffeeersatz. Vielleicht, orakelt Roland, bekommen die Eicheln und mit ihr die Gärten eine zweite Chance bei der Heilmittelindustrie. Eine intensive pharmakologische Forschung, hat er gehört, suche nach neuen bislang unbekannten Inhaltsstoffen bei Wildpflanzen.

Auf die letzten, sehr steilen und nur Fußgängern und Radfahrern zugänglichen fünfhundert Meter bis zum kahlen Gipfel des Bergmassivs verzichte ich. Es sind ganze Kohorten drahtiger Armstrongclone unterwegs, dazu dickbäuchige mittelalterliche Männer mit hochroter Gesichtsfarbe und eine Gruppe schwer bestiefelter Wanderer aus dem norddeutschen Flachland, denen das fröhliche Lied auf den Lippen wegen der ungewohnten Anstrengung und der ortsüblichen Hitze längst abhanden gekommen ist. An diesen Exerzitien muss ich nicht teilnehmen, zumal ich ja schon vor Jahren im Vorfrühling auf den Dichterberg gestiegen bin, dort aber nicht nur keine Dichter, sondern jede Menge Schnee und lustig mir zuwinkende Skifahrer angetroffen habe. Kälte und klappernde Zähne, fand ich damals, regen nicht zu dichterischer Produktion und träumerischer Versenkung an, Hitze und Radfahrer, so schätze ich die heutige Situation ein, ebenfalls nicht. Und Roland, der Botanikfreak, kann einem kahlen Gipfel auch nicht viel abgewinnen.

Nagelneue Patina und wiederbelebte Tradition – in Arles und St. Rémy de Provence

In Arles liefere ich Roland in der Jugendherberge ab, fahre auf den Campingplatz am Rande der Stadt und verbringe den Rest des Tages mit Wäschewaschen und Lesen. Am nächsten Morgen weckt mich früh fürchterliches Vogelgekreisch. Verschlafen schaue ich aus dem Heckfenster des Wohnmobils und sehe, wie sich Lachmöwen und eine Schar Krähen um irgendwelche Essensreste balgen, die aus einer umgestoßenen Abfalltonne quellen. Bevor sie Ruhe geben, weil einer der Angestellten die Tonne wieder aufrichtet, den Deckel zuklappt und die unappetitlichen Streitobjekte zusammenkehrt, bin ich hellwach. Meine Lust auf Frühstück ist mir bei dem Anblick fürs erste vergangen, und ich mache mich schleunigst auf in die nahe Innenstadt.

Rund um das sehr gut erhaltene römische Amphitheater von Arles ist Tourismus pur angesagt. Andenkenstand reiht sich an Andenkenstand. Dass Vincent van Gogh sein vorletztes Lebensjahr hier in einem unglaublichen Schaffensrausch verbrachte, bis er, der psychisch Anfällige, wieder einmal einen Nervenzusammenbruch hatte, ist Grund genug, seinen Namen als Marke herhalten zu lassen. So rührt gegenüber dem Amphitheater eine Fondation van Gogh eifrig die Werbetrommel für Stadt und Maler, der das freilich zu Lebzeiten, als sich außer seinem Bruder kein Mensch um ihn kümmerte, gebraucht hätte. Heute kommt sein Ruf sehr gut ohne Arles aus. Ob das umgekehrt auch gilt, scheint fraglich zu sein, denn zu der Fondation, die zwar kein einziges seiner Bilder besitzt, aber mit Ausstellungen aktueller Kunst, die möglichst einen, irgendeinen Bezug zum Meister haben sollte, auf sich aufmerksam macht, kommt noch ein Café, das sich nach ihm nennt, kommen eine Apotheke, ein Restaurant, ein Hotel, eine Schule, natürlich eine Straße nebst Brücke und sonst noch allerlei mit dem emblematischen Namen. Dass die guten Bürger der Stadt sich nicht nur in keiner Weise um den kranken Maler kümmerten, als er seinen Nervenzusammenbruch hatte, sondern ihn schnöde in eine Nervenheilanstalt im nahen St. Rémy abschoben, die mehr eine Aufbewahranstalt war, nun, darüber muss man, meinen die, die heute mit seinem Namen Geld verdienen, ja kein Aufhebens machen.

Die Fondation ist so früh am Morgen noch geschlossen, und ich schlendere zur nahen Place du Forum, deren Name daran erinnert, dass sich hier das römische Forum befand. Auf dem zentralen Versammlungs- und Marktplatz am Schnittpunkt der beiden wichtigsten Straßen in der planmäßig angelegten Stadt befanden sich die Verwaltungsgebäude und die große Markthalle. Heute ist von den römischen Bauten lediglich ein bescheidener Rest, eine offene Loggia, erhalten und auch der einst klare Grundriss der Anlage ist nur noch in Teilen erkennbar.

Am Rande des Platzes liegt das »Café Van Gogh«. Mit seiner Terrasse unter einer weit in den Straßenraum ragenden gelben Markise und den im gleichen Farbton gestrichenen Wänden wirkt es ein wenig wie im Jahre 1888, als van Gogh es malte und dem Bild mit den riesigen Sternen am samtblauen Nachthimmel den Titel »Café de Nuit« gab. Jetzt am Morgen wirkt das Nachtcafé prosaischer und weniger geheimnisvoll, und weil die grazilen, runden Eisentischchen auf dem Bild von stabilen, quadratischen Holzkonstruktionen ersetzt worden sind, auch weniger anmutig. Doch sonst …

Mais oui, Monsieur, sagt der Kellner, ganz recht, das ist das Café, das der holländische Maler weltberühmt gemacht hat. Kurz danach hat er sich ja ein Ohr abgeschnitten, nicht wahr. Der Mann war wohl ein bisschen verrückt. Und arm, ja, sehr arm. Und heute sind seine Bilder zig Millionen wert.

Vom Nebentisch beugt sich ein junges Mädchen, das unserem Gespräch aufmerksam gefolgt ist, herüber und fragt:

»Seit wann heißt das Café denn nach van Gogh?«

Genau weiß der Kellner das auch nicht, doch ein paar Jahre sei es sicherlich her, jedenfalls vor seiner Zeit, und er arbeite hier schon seit über fünf Jahren. Wahrscheinlich habe der *Patron*, der neue Besitzer, das veranlasst. Und dann erfahren wir noch, dass das Café erst seit den neunziger Jahren wieder so aussieht wie zu van Goghs Zeiten. Auch die Idee, eine Markise wie damals zu montieren und die Wände gelb zu streichen, sei ein Einfall des *Patrons.* Habe sich ja auch ausgezahlt, die Touristen kämen.

Das junge Mädchen am Nebentisch, das sich als Fabienne vorstellt, und ich lachen. Von wegen authentisch, unverändert, von wegen van Gogh und Sternennacht. Funkelniegelnagelneu ist die Patina, die wir präsentiert bekommen. Und doch irgendwie schön, finden wir, weil sie sich so unaufgeregt, so selbstverständlich gibt. Weniger gern schauen wir darüber hinweg, dass im Innern des Cafés eine Reproduktion von van Goghs Bild hängt, die nicht gerade von technischer Meisterschaft spricht. Eine ausgesprochene Billigversion des Originals, das freilich weit weg, nämlich im holländischen Otterloo zu Hause ist. Dann lieber gar nicht, meinen wir.

Und all die Poster und Postkarten, die Telleruntersetzer und Küchenhandtücher, die in und vor Dutzenden von Andenkenläden das berühmte Motiv noch einmal banalisieren, wie findest du die, Fabienne?

»Lachhaft und eine Kulturschande.«

Na gut, ich gebe zu, dass nicht alle Ausprägungen der französischen Zivilisation preiswürdig sind. Und Charme und Würde, na ja.

Fabienne stammt aus Nancy und spricht recht gut Deutsch. Mit Unterstützung des Erasmus Programms der Europäischen Union hat sie ein Jahr an der Berliner Humboldt Universität studiert und schwärmt von der Stadt. Offen sei sie und spannend, immer in Bewegung, multikulturell und liberal. Gar nicht zu vergleichen mit Paris, wo Fabienne an der Sorbonne Kunstgeschichte studiert. Paris sei etabliert und satt, sagt sie, oder gefährlich, viel gefährlicher als Berlin. Brutal geradezu und unsozial.

»Brutal und unsozial?«, frage ich, wie sie das denn meine.

»Da müssen Sie kommen in die, wie sagt man, in die *banlieue*?«

»In die Vorstädte.«

»Ja, in die Vorstädte. Wir haben gemacht die Fehler, alle Immigranten in die Vorstädte zu schicken. Da sind sie unter sich und damit fangen die Probleme an. Und als Innenminister hat Sarkozy das Geld für *intégration* abgeschafft und Panzertruppen geschickt.«

Panzertruppen, sage ich, nun übertreibe sie aber, doch Fabienne beteuert, die Polizei habe sich nur noch mit Spezialeinheiten in gepanzerten Wagen nach Clichy-sous-Bois und Villers-le-Bel und all die anderen *quartiers chauds*, die heißen Viertel, gewagt. Ob ich denn nicht im Fernsehen die Bilder von brennenden Autos und Häusern gesehen, nichts von Plünderungen und Schlägereien gelesen hätte?

Doch, habe ich. Aber davon lasse ich mir doch nicht mein Frankreichbild kaputt machen. Ausländerghettos gebe es auch in Berlin, sage ich, in Kreuzberg oder Neukölln, und über den Mangel an brennenden Autos und Attacken auf Polizisten brauche man sich dort auch nicht zu beschweren.

Fabienne lacht nur über meine Einlassung. Das sei doch gar nicht zu vergleichen, meint sie. Was in Berlin geschieht, das sei, wie sagt man, pillepalle. Sie wiederholt das Wort, offensichtlich stolz auf ihre Kenntnis deutscher Umgangssprache, aber auch energisch in ihrer Verteidigung Berlins als Hauptstadt der Toleranz: Pillepalle. Die Türken in Berlin und die Araber, sie seien viel besser integriert als die Marokkaner und Algerier draußen an der Pariser Peripherie. Die hätten keine Chance auf ein anständiges Leben. Das sei in Deutschland ganz anders.

Ich gebe nicht nach. Auf die Diskussion, wer nun mehr oder weniger für die Integration von Immigranten tue, will ich mich nicht einlassen. Aber dass Fabienne Berlin gegen Paris ausspielt, das geht mir gegen den Strich. So sehr ich auch als Enkel und

Sohn einer Berlinerin die Stadt liebe, Paris ist und bleibt etwas ganz Besonders für mich. Schon die Kunst und die Architektur, da sei doch ein himmelweiter Unterschied zwischen den beiden Metropolen. Notre Dame, Sainte Chapelle, Invalidendom und Louvre hier, Marienkirche, ein ungefüger Dom, ein gähnend leerer Schlossplatz und ein zugiger und unwirtlicher Kemperplatz, auf dem die Solitäre namhafter Architekten einsam und isoliert herumstünden dort. Der Boul' Mich' und die Stalinallee.

Fabienne lässt nicht locker. Louvre, schön und gut, aber die Berliner Museumsinsel und überhaupt die Kunstsammlungen und Museen der Stadt bräuchten sich da ja wohl nicht zu verstecken. Und Schinkels Schauspielhaus am Gendarmenmarkt, sei das etwa nichts? Überhaupt, Fabienne liebt es »überhaupt« zu sagen, sei der Gendarmenmarkt einer der schönsten Plätze der Welt und Schinkel ein viel bedeutenderer Architekt als, sagen wir Louis Le Vau, der Schöpfer der Kolonnaden am Louvre. Die seien doch einfach nur pompös und *lourdes*, wie sagt man, schwerfällig, ja, schwerfällig. Schinkels Schauspielhaus hingegen, wie elegant. Und was die moderne Kunst und das Theater angehe, da habe Berlin weltweit die jüngste und lebendigste Szene »überhaupt«.

Es ist nicht das erste Mal und es wird nicht das letzte Mal sein, dass mir die angeblich ach so nationalistischen Franzosen von Deutschland und insbesondere von Berlin etwas vorschwärmen. Im Übrigen hat der französische Nationalismus, sieht man einmal von solchen Krawallmachern wie Le Pen und seinen Gefolgsleuten ab, wenig mit Rassismus und Fremdenfeindlichkeit zu tun, sondern nährt sich aus dem spezifisch französischen Zivilisationsbegriff. Im Grunde genommen habe jeder Mensch zwei Vaterländer, wird dann gerne argumentiert, nämlich sein eigenes und Frankreich. Franzose kann nach dieser Lesart jeder sein, der sich der französischen Zivilisation zugehörig fühlt, und so fand man es in Frankreich auch nicht weiter verwunderlich, dass die *Académiciens*, die Mitglieder der altehrwürdigen Académie Française, deren vornehmste Aufgabe die Pflege der französischen Sprache ist, den senegalesischen Dichter und Staatspräsidenten Léopold Senghor in die Reihen der »Unsterblichen« aufnahmen.

Nun ist es an Fabienne, über meinen, wie sie meint naiv unkritischen Enthusiasmus, mit dem ich Frankreich preise, zu lächeln. Da ich ihr ähnliche Farbenblindheit bei ihrem Deutschlandbild vorwerfe, einigen wir uns darauf, zwar keinesfalls einer Meinung zu sein, aber über die eigentlich recht erfreuliche Absurdität lachen zu können, dass ein Deutscher das Loblied Frankreichs und eine Französin das Deutschlands singt. Das, sage ich, habe es ja wohl seit der Zeit nicht mehr gegeben, als Madame de Staël die deutsche Gemütstiefe rühmte und die angeblich kalte französische Geistesschärfe tadelte und im Gegenzug ein paar Jahrzehnte später Heinrich Heine vom freien Paris aus über die deutschen Verhältnisse in einer Weise herzog, die ihn in seiner Heimat ins Gefängnis gebracht hätten. »Denk ich an Deutschland in der Nacht, dann bin ich um den Schlaf gebracht«, zitiere ich die Spottdrossel im deutschen Dichtergarten *Henri* Heine, den die Franzosen nicht zu Unrecht als einen der ihren betrachten.

Fabienne zeigt mir einen Vogel.

Vor der Fondation van Gogh treffen wir Fabiennes Freundin aus Berliner Zeiten, eine Frankokanadierin aus Quebec mit dem schönen Namen Marie-France, den sie voller Stolz und als Abgrenzung gegen die dominierenden »Anglos« in Kanada, die sich weigern, Französisch zu lernen, trägt. Marie-France ist Malerin. Wie Fabienne schwärmt sie vom Leben in Berlin, doch ihr Lob hat ausgesprochen praktische Gründe. Die Mieten seien vergleichsweise niedrig, die Ateliers bezahlbar, und die Dichte gerade junger, noch unbekannter, aber wagemutiger Galerien enorm. Berlin, meint sie, sei gerade dabei, New York als Welthauptstadt der Kunst abzulösen, und Paris, ja Paris – eine müde Handbewegung, viel mehr hat Marie-France für die ihrer Meinung nach vergangene Größe der Stadt nicht übrig.

In der Fondation reagieren wir ebenso unterschiedlich wie unentschieden auf die Werke international bekannter Künstler, die sich mit Leben und Werk van Goghs auseinandergesetzt und dem Museum jeweils eine Arbeit als Hommage an den toten Kollegen gestiftet haben. Ich finde das Bild, das Fernando Botero im für ihn charakteristischen »pneumatischen« Stil gemalt hat, bei dem alle Personen und Gegenstände wie aufgepumpt wirken, banal. Das Paar Schuhe auf einem Stuhl mit einem Sitz aus Strohgeflecht ruft zwar die Erinnerung an zwei bekannte Motive van Goghs wach, aber das war's dann auch schon, sage ich. Fabienne hingegen nennt das Bild bewegend, und Marie-France attestiert ihm, es drücke die Einsamkeit des kranken und von den Menschen isolierten van Gogh eindrücklich aus. Mit Roy Lichtensteins explodierenden Farben seiner Variation des »Sämanns«, der sich unter einer ungeheuren, ihn niederdrückenden Sonne plagt, können wiederum die beiden Frauen nicht viel anfangen. Der amerikanische Popkünstler habe das Thema, die Einsamkeit und Verlorenheit des Menschen unter einem gefühllosen Himmel, trivialisiert, meinen sie, während ich die Energie preise, die das Bild ausströme, auch wenn gerade das die Aussage des Vorbilds ins Gegenteil verkehrt. Doch können wir uns über eines einigen, dass nämlich im Allgemeinen jene Bilder gelungener sind, die nicht ein Sujet van Goghs variieren, sondern auf ihre Weise, mit seinen Farben und seinem Malstil der späteren Jahre, den typischen kurzen, nervös züngelnden Pinselhieben arbeiten.

Im nahen St. Rémy de Provence wird am nächsten Tag die *Fête de la Transhumance* gefeiert, habe ich im Café van Gogh in der Zeitung gelesen, und ich erkundige mich im Tourismusbüro, was das denn sei. Ein junges Mädchen verweist mich an ihren Onkel, einen Monsieur Robert. Was der Hobbyhistoriker über die Gegend und ihre Traditionen nicht wisse, brauche man auch nicht zu wissen, sagt sie. Ich fände ihn in einem Café in der Rue Raspail, sehen Sie hier auf dem Stadtplan. Monsieur. Der Name des Cafés ist ihr entfallen, aber Sie können es gar nicht verpassen, Monsieur, auf der rechten Seite der Straße, ja ja, die ist ganz kurz. Und erkennen kann ich Monsieur Robert an seinem Schnauzbart, mit dem er wie Georges Brassens aussehe, und daran, dass er immer eine Zigarette im Mund habe, obwohl das Rauchen in Cafés ja verboten sei, aber Monsieur Robert sei eine Institution, an die sich weder der

Patron des Cafés noch die Polizei wage, und jetzt gegen zehn Uhr morgens träfe ich ihn bestimmt an seinem Stammplatz an, *mais bien sûr*.

Und in der Tat, im angenehm rumpligen und altmodischen »Café Moderne« sitzt ein schnauzbärtiger Mann mit Baskenmütze unter einem großflächigen Plakat mit der Warnung *Défense de Fumer*, der trotz des Rauchverbots eine gelbe Zigarette im Mundwinkel hängen hat, eine archetypische *Gitanes Maïs*, wie mir die vor ihm liegende blaue Schachtel mit dem Bild der tanzenden Zigeunerin verrät. Der Mann könnte aus einem Film mit Jean Gabin oder aus Henri-Georges Clouzots »Lohn der Angst« stammen, aber auch direkt einem älteren Werbeplakat für Gitanes oder Gauloises entsprungen und im Café Moderne gelandet sein. Auf den ersten Blick ein geradezu lachhaft aufgetakelter Clichéfranzose. Aber Monsieur Robert, den ich etwas zögernd und mit dem Hinweis auf das Tourismusbüro anspreche, ist alles andere als lächerlich, sondern freundlich, klug, witzig und überhaupt nicht daran interessiert, als Original zu gelten.

»So so, Michelle hat Sie geschickt«, sagt er lächelnd. Das tue seine Nichte immer, wenn es um die Geschichte und Traditionen der Provence geht. Dass ich mich für die Transhumanz interessiere, freut den ehemaligen Gymnasiallehrer. Die sei, erklärt er, eine Form der Wanderweidewirtschaft, wie es sie seit Jahrtausenden gegeben hat. Im Sommer würden die Viehherden in manchmal wochenlangen Wanderungen und auf bis zu achthundert Kilometer langen Strecken von den trocken fallenden Weidegründen in den Ebenen auf die höher gelegenen Almen, Matten und Weiden in den Bergen getrieben, wo sie ausreichend Futter fänden. Im Herbst dann gehe es zurück. In Deutschland und in der Schweiz, auch in Österreich, sagt Monsieur Robert, kenne man Ähnliches beim alljährlichen Almauftrieb. Nur seien da die Wege kürzer und die Zahl der jeweils beteiligten Tiere, meist Rinder, geringer als die der Schafe in Frankreich oder gar in Spanien, wo seit dem Mittelalter staatlich geschützte Wege für die oft riesigen Herden existierten.

»Aber warum feiert man denn nun eine *Fête de Transhumance*?«, frage ich.

»Weil man in den vergangenen Jahrzehnten mehr und mehr dazu übergegangen ist, die Schafe mit dem Lastwagen in die höher gelegenen Weidegründe zu transportieren. Dafür gab es viele Gründe. Es war billiger, weil sich so der Lohn für die Wanderhirten sparen ließ. Und es fanden sich auch immer weniger Menschen, die bereit waren, die Strapazen wochenlanger Märsche auf sich zu nehmen.«

Außerdem sei die Landschaft der Crau rund um Arles, das hauptsächliche Weideland für Schafe seit den sechziger Jahren, großflächig zerstört worden. Die typische, im Sommer trockene Steinsteppe habe man durch Tiefbohrungen bewässern und so intensiv bewirtschaftete Obstkulturen anlegen können. Die aber hätten den ohnehin nährstoffarmen Boden ausgelaugt. Das Ganze sei eine einzige ökologische Katastrophe.

»Und das hat sich geändert?«, will ich wissen.

Monsieur Robert drückt seine *Gitanes* sorgfältig im vor ihm stehenden Aschenbecher aus, lehnt sich zurück, legt die Fingerspitzen beider Hände aneinander und sagt:

»Ja, das hat sich geändert. Ein großer Rest der Crau steht seit ein paar Jahren unter Naturschutz. Die Steppe muss beweidet werden, sonst verbuscht sie. Die Schafe und Ziegen sind also auch natürliche Landschaftspfleger. Und bei den ständig steigenden Kraftstoffpreisen lohnt sich der Transport mit dem Lastwagen in die Berge schon fast nicht mehr. Aber genauso wichtig ist etwas anderes. Die Transhumanz gehört zur kulturellen Identität der Provence und des Languedoc. Es gibt viele junge Leute, Schüler, Lehrlinge und Studenten, die diese Tradition wiederentdecken und nur für Unterkunft und Verpflegung mitmachen wollen. Die Kosten sind kein Thema mehr. Inzwischen spielt die Transhumanz auch für die Tourismuswirtschaft eine bedeutende Rolle. Die Städte reißen sich darum, dass die Schafherden durch ihre Straßen getrieben werden, und feiern das mit einer *Fête de Transhumance*. So wie in St. Rémy. Sie werden da morgen die Menschenmassen sehen. Aus aller Welt kommen sie.«

Monsieur Robert wird selbstverständlich in St. Rémy dabei sein, wenn eine Riesenschafherde – »die größte seit Jahren, tausende von Tieren!« – durch die Straßen der Stadt zieht. Wir könnten uns ja am *étal de la vaissewourste* auf der *Place de la République* treffen, schlägt er vor.

Wie bitte, Weißwurst? In Frankreich?

Aber gewiss doch. Monsieur Robert strahlt vor Freude über mein Erstaunen. *Vaissewourste* und *vaissebière*, *délicieux*, wirklich köstlich. Mehr verrät er nicht. Ich würde schon sehen. Also abgemacht, morgen um zehn am Weißwurststand. Sei gar nicht zu verfehlen. Dort, wo sich die Menschen drängen.

Auf und rund um die *Place de la République* haben sich an diesem Sonntag die Antiquitätenhändler und Trödler der näheren und weiteren Umgebung eingefunden. An einem Bücherstand blättere ich in einem Bildband über Transhumanz. Ein Foto zeigt eine Schutzhütte in den Bergen des Vercors, des Kalksteinplateaus in den westlichen Ausläufern der französischen Alpen. Auf dem Dach der aus nur ganz grob behauenen Steinen aufgeschichteten Hütte ist ein Sonnenkollektor angebracht. Ehe ich mich von meinem Erstaunen über diese Verbindung uralter Tradition mit modernster Technologie erholt habe, tippt ein alter Mann mit Stoppelbart und von Wind und Wetter zur Farbe alten Leders gegerbter Gesichtshaut mit runzligem Finger auf das Bild und sagt verächtlich:

»So etwas kannten wir damals nicht.« Wer so etwas brauche, sei ein *molasse*.

Wann immer auch »damals« war, ich gebe dem alten Schafhirten, als den sich der Mann stolz zu erkennen gibt, recht. Und dass, wer so neumodischen Kram wie einen Sonnenkollektor braucht, ein *molasse* ist, versteht sich von selbst, *naturellement*, auch wenn ich gar nicht weiß, was das ist, ein *molasse*.

Ein Weichei, sagt Fabienne, die mit Marie-France in ihrem alten, schon fast museumsreifen 2 CV, der legendären »Ente«, ebenfalls nach St. Rémy gekommen ist. Wir haben noch ein wenig Zeit bis zum Treffen mit Monsieur Robert und schlendern durch die alte Stadt mit den vielen sorgfältig restaurierten Häusern aus vielen Jahrhunderten, den engen Gassen, dem barocken Nostradamus-Brunnen, dessen Namensgeber aus St. Rémy stammt, der Ruine eines römischen Triumphtores und anderen antiken Resten. Aus allen Richtungen scheinen Menschen in die Stadt einzusickern. Erst wenige, dann mehr, schließlich werden sie zu einem Strom, der in Richtung Place de la République fließt. Wir lassen uns mit ihnen treiben.

Schon von weitem ist die Fahne mit den weißen und blauen Rhomben über dem Stand aus dem niederbayerischen Pfarrkirchen zu erkennen. Wir wühlen uns durch das Menschengedränge auf Straßen und Platz an den noch einmal besonders eng umlagerten Stand. Dort treffen wir Monsieur Robert, der gerade mit sichtlichem Appetit eine Weißwurst verspeist. Es sei bereits seine vierte, sagt er vergnügt. Die Metzgersgattin, die mit ein paar Gehilfen wie am Fließband Weißwürste und süßen Senf auf Papptellern verteilt, Nachschub in den Kessel mit dem siedenden Wasser wirft und ihre Augen überall zu haben scheint, bestätigt zwischen Wurstservieren, Bierzapfen, Kassieren und lauthals geschmettertem »gell, dös schmeckt«, was ihre Kunden fröhlich bestätigen, weil sie ja wohl das Richtige gemeint hat, diese umtriebige und gut gelaunte Metzgersgattin also bestätigt Monsieur Roberts Appetit. »Dös wird dem Alain sei letzte net sein«, sagt sie. Schließlich kennt sie schon seit Jahren Monsieur Alain Robert und all die Henris, Pierres und Madeleines, die unentwegt Weißwurst mit süßem Senf, *quelle délicatesse*, ordern und mit Weißbier herunterspülen, als habe es das Weinland Provence nie gegeben. Immer zur *Fête de Transhumance* komme sie mit den Weißwürsten aus ihrer Metzgerei und mit dem Weißbier aus einer einheimischen Brauerei für eine Woche nach St. Rémy.

Ob sich die weite Reise lohne, frage ich sie.

»Lohnen?«, ist ihre Gegenfrage. »St. Rémy ist unsere Partnerstadt. Wir rechnen da nicht auf Heller und Pfennig. Das macht so viel Spaß hier, und die Menschen freuen sich jedes Jahr wieder, wenn wir kommen. Das müssen wir einfach machen. Nicht wahr, Henri?«

Henri, der viele Jahre in Nürnberg bei der Firma »Südfleisch« gearbeitet hat, bestätigt:

»Das muss sein. Sonst würde uns etwas fehlen.«

Fabienne und Marie-France, die beiden Wahlberlinerinnen, lassen sich von mir überreden, auch einmal die bayerische Spezialität zu probieren. »Nicht schlecht«, ist ihr Urteil und ich muss der empörten Metzgersgattin erklären, dass es für einen Norddeutschen kein höheres Lob als dieses »Nicht schlecht« gibt.

»So san's, die Preißen«, kommt prompt die Antwort, »und die französischen a.« Die beiden Freundinnen sehen sich plötzlich zu Ehrenpreußinnen ernannt, wobei die Frage, ob ein solches Etikett aus dem Munde einer Bayerin eine Ehre bedeutet, undiskutiert bleiben soll.

Allmählich wird das Gedränge auf dem Platz und den umgebenden Straßen immer dichter. Jedesmal, wenn man denkt, nun passe niemand mehr an den Straßenrand, findet sich doch noch irgendwo ein Plätzchen. Ein Lautsprecherwagen fährt langsam durch die Gasse, die die Menschen ihm lassen, und eine blecherne Stimme zählt die Straßen auf, durch die sich der Zug der Tiere winden werde. Man möge sich doch bitte verteilen. Niemand weicht von seinem einmal eroberten Platz.

Die Erregung steigt. Wann kommen die Schafe endlich? Für elf Uhr ist die Herde angesagt, jetzt ist es bereits halb zwölf. Die Menge wird ungeduldig, bleibt aber gutgelaunt. Scherzworte fliegen durch die Luft, auf Französisch natürlich, aber auch auf Englisch, Deutsch, Spanisch. Sogar Japanisch und Russisch meine ich aus dem Stimmengewirr herauszuhören. Wieder ertönt die Blechstimme und verkündet, der Zug werde sich um etwa eine Stunde verspäten. Kaum ist die Durchsage beendet, da kommt ein vielleicht zehnjähriger Junge mit hochrotem Kopf angestürzt und schreit mit sich überschlagender Stimme:

»Sie kommen.«

Sie kommen. Die beiden Worte wirken, als habe jemand einen gigantischen Tauchsieder in die Menge gesteckt, deren Erregung schnell den Siedepunkt erreicht und sich in lauten Ausrufen Entlastung schafft. Sie kommen! Die Polizisten drängen die Touristen, die sich mit schussbereiten Kameras dem Zug in den Weg stellen, zurück an den Straßenrand, wo die Menge wartet. Sie lässt den Schafen, ihren Hirten und den Hunden ohnehin eine fast zu schmale Gasse.

Aber jetzt kommen sie wirklich. An der Spitze der vielköpfigen Herde marschiert in breiter Front, vor der die Menge zurückweicht wie das Rote Meer vor Moses, eine Gruppe malerisch gekleideter Männer mit Schlapphüten, Umhängen und bunten Halstüchern. In den Händen haben sie Hirtenstäbe mit der typischen »Krümme«, dem Halb- oder Dreiviertelkreisbogen als oberen Abschluss, mit dem sich die Schafe am Hals oder an einem Bein halten lassen. Manche winken der sich freuenden Menge zu und lassen sich eine Flasche mit Wasser, ein Glas Bier oder Wein reichen. Andere, meist die mit ihren schmalen Gesichtern wie Intellektuelle, wie Schüler oder Studenten wirkenden jungen, scheinen schwer an der Bürde zu tragen, ein Symbol regionaler Identität zu sein, und schauen überaus ernst geradeaus. Einige sehen erschöpft aus. Auf ihren Gesichtern glänzt Schweiß, der Furchen in die Staubschicht, die sich auf ihnen niedergelassen hat, zieht. Um sie herum hecheln Hütehunde, und dann folgen die laut mähenden, sich aneinander drängenden und den Schutz der Herde suchenden Schafe. Zwischen ihnen meckernde Ziegen mit riesigen gedrehten Hörnern. Unermüdlich umkreisen die Hunde die Herde. Wann immer ein Tier aus dem Pulk ausbrechen will, ist schon einer zur Stelle, der es zurücktreibt. Ich erkenne Welsh Border Collies an ihrem schwarzweiß-braun geflecktem Fell, den halb aufrecht stehenden oder herabhängenden Ohren und der Geschicklichkeit, mit der sie ihre Arbeit verrichten.

Monsieur Robert bestätigt meine Beobachtung. »Sie sind«, sagt er, »einfach die besten und intelligentesten Hunde für die Arbeit mit Schafen. Deshalb hat man sie auch eingeführt, schon vor Jahren. Aber sehen Sie da diese beiden mit dem dunklen Fell«, er deutet auf zwei struppig wirkende Hunde mit grauschwarz meliertem dichten Fell, »das sind *chiens de Crau*, eine fast schon ausgestorbene Rasse aus der Region. Der Chef des Zugs legt Wert darauf, dass immer ein paar dabei sind. Die gehören einfach hierher, sagt er, und ich sage das auch.«

Während unseres Gesprächs sind Hunderte von verängstigt mähenden Schafen und Dutzende schrill meckernder Ziegen an uns vorbei gezogen. Immer wieder einmal gibt sich eine der im Gegensatz zu den Schafen überhaupt nicht eingeschüchtert wirkenden Ziegen störrisch und droht, mit ihren Hörnern auf die Hunde los zu gehen, die sie leicht in die Beine zwicken, wenn sie ausbrechen wollen. Aber es bleibt bei der Drohgebärde, die die Hunde hoheitsvoll übersehen oder mit einem starren, Respekt heischenden Blick beantworten. Packesel, die allerlei Gerätschaften, Säcke und Zelte tragen, begleiten die Herde gemessenen Schritts, als gehe sie der ganze Trubel, die Aufregung, die Nervosität und der Lärm nichts an.

Und jetzt kommt er, der Chef des Zuges, ein beleibter, ein zufriedener, in sich selbst ruhender Buddha, der einen mit Blumen und Weinlaub bekränzten Hut trägt, der ihn wie einen antiken Vegetationsgott erscheinen lässt. Vom Bock seines von einem Esel gezogenen hölzernen Wagens grüßt er mit den gemessenen Bewegungen eines römischen Imperators die ihm zujubelnde Menge. Huldvoller kann kein König seinen Untertanen zuwinken, jeder Zoll ein Monarch, der Herrscher der Steppe. Sein Thronwagen sieht aus, als habe man ihn in den Hollywood Studios aus einem Fundus für Westernausrüstung geholt. Ein richtiger *Chuck Wagon*, ein Küchenwagen mit Proviant und Getränken, mit Besteck und

Tellern, mit Schöpfkellen, Bratspießen, Töpfen und Pfannen, die an seinen Seiten herunter hängen und ununterbrochen klirren. Mit den Rufen der Hirten, dem gelegentlichen Bellen der Hunde, dem Mähen und Meckern der Tiere vermischt sich das Klirren zu der Symphonie eines selbst hier in der Stadt, wo der Treck sich dem Tourismus öffnet und zum Schauspiel wird, geradezu epischen, zeitlosen, seit Jahrtausenden kaum veränderten Rituals der gegenseitigen Abhängigkeit von Mensch und Tier. Ein inszeniertes Ritual, gewiss, kein selbstverständliches mehr, das nur so und nicht anders sein kann. Aber obwohl ich das weiß, obwohl Fabienne und Marie-France mit gelegentlichen spöttischen Bemerkungen die heiße Luft aus meinen Überlegungen lassen, beeindruckt von dem, was vor unseren Augen »in Echtzeit« als *real life* abläuft, zeigen wir uns doch, weil wir uns dem Zauber dieser archaischen Inszenierung nicht entziehen können.

Eine gute halbe Stunde dauert der Vorbeizug der Riesenherde, und als die letzten planlos herumirrenden Schafe, als die Nachhut der Hunde und Hirten um die Ecke zur großen Umgehungsstraße gebogen sind, erscheinen die ersten Hirten und Hunde, und mit ihnen zieht die Herde zum zweiten Mal durch die Stadt. Ein Teil der Menschenmenge ist bereits verschwunden oder tut sich am Pfarrkirchener Weißwurst- und Bierstand gütlich. Jetzt kommen die Fotografen und Hobbyfilmer aus aller Welt zu ihrem Recht.

Dann aber zieht die Herde weiter, hinaus in die Steinsteppe der Crau. Ein Stück weit begleiten sie Monsieur Robert, die beiden jungen Frauen und ich auf ihren verwitterten Triften, die in den harten, unebenmäßigen Boden eingegraben erscheinen. Dann überlassen wir sie der Sonne und dem Himmel. Lange, bis sie verschwunden ist und nur noch eine Staubwolke in der Luft von ihr erzählt, schauen wir ihr nach. Schweigend.

Mücken, Stierkampf und eine schwarze Heilige – in der Camargue

Die Camargue begrüßt uns mit einem beunruhigenden Sirren. Uns, also wir, das sind Rotraud, Otto und ich, das Sirren stammt von Mücken. Meine beiden Freunde aus Jugendzeiten sind seit einer gemeinsamen Reise mit mir im schönen Schleswig-Holstein miteinander verbandelt.

Otto lehrt Tierzucht an der Berliner Humboldt Universität. Sein ganz spezielles Interesse gilt der wissenschaftlichen Erfassung und Erhaltung alter Haustierrassen. Es sei in Zeiten globaler Verbreitung nur sehr weniger Rinder-, Schweine- und Schaf-, aber auch Ziegen- oder Geflügelrassen, so argumentiert er weltweit engagiert auf Kongressen, dringend notwendig, den überlieferten Genpool von Tieren zu bewahren, die zwar weniger Milch geben oder weniger schnell Fleisch ansetzen als die Hochleistungstiere der industrialisierten Landwirtschaft, die aber an eine bestimmte Landschaft, an ein vorherrschendes Klima optimal angepasst sind. Sollte nämlich einmal eine der wenigen weltweit verbreiteten Rassen einer Seuche zum Opfer fallen, könne man zur Erhaltung der Art auf die Genreserve anderer Rassen zurückgreifen.

Otto und Rotraud haben auf ihrer gemeinsamen Urlaubsreise das Angenehme mit dem Nützlichen verbunden. In Bayern, in Tirol und der Schweiz haben sie den jährlichen Almauftrieb der Rinder begleitet, haben bäuerliche Käsereien und ökologisch wirtschaftende Höfe besucht. Weil sie sich von meinen Erzählungen über die *Fête de Transhumance* in

St. Rémy im vergangenen Jahr anstecken ließen, haben sie anschließend die Schafherde aus der Crau, der Steinsteppe rings um Arles, auf ihrem Weg in die Alpen begleitet. Rotraud hat eifrig für ein Buch über Transhumanz und die traditionelle Architektur der Berg- und Schutzhütten fotografiert, und Otto hat Daten für eine Veröffentlichung zur Landwirtschaftsgeschichte gesammelt.

Ottos Interesse am Erhalt alter Haustierrassen gilt nicht nur der Erhaltung des Genpools. Sie geht einher mit seinem Einsatz für die bäuerliche und extensive Landwirtschaft, an deren Existenz er das Weiterbestehen biologisch vielfältiger, traditionell überkommener Naturräume gekoppelt sieht. Das ist für ihn nicht nur eine wissenschaftliche, sondern auch eine ästhetische und zivilisatorische Frage. Seinen Studierenden bläut er ein, dass die Züchtung angepasster Haustierrassen eine bemerkenswerte Kulturleistung des Menschen sei, die wie alle Kulturtechniken und -leistungen nicht in Vergessenheit geraten dürften.

»Genauso bedeutend wie deine romanischen und gotischen Kirchen«, sagt er manchmal zu mir. Da ich weiß, dass er »seine« pommerschen Landgänse und Heidschnucken, »seine« Angler Rotbunten und Husumer Protestschweine nur zum Spaß gegen »meine« Höhepunkte der Architektur anrennen lässt, lasse ich mich auf einen Streit gar nicht erst ein.

Mit den beiden Freunden werde ich die kommenden Tage in der Camargue verbringen. Wir haben uns längere Zeit nicht gesehen, weil Otto einen Ruf an die Humboldt Universität angenommen hat. Um Rotraud nahe zu sein, hat er sogar sein geliebtes Schleswig-Holstein verlassen, wo sein Großvater noch Landwirtschaft ganz nach Ottos Gusto betrieb, weil er neben Ackerbau mit Roggen- und Kartoffelfeldern auch Kühe und Pferde, Schweine, Enten, Gänse und Hühner hielt. Dass ein Hof mit knapp über zwanzig Hektar Ackerfläche, noch dazu auf dem sandigen und wenig ertragreichen Boden der Schleswigschen Geest, nicht mehr zu vernünftigen Bedingungen zu bewirtschaften war, hatte schon Ottos Vater einsehen müssen und den Betrieb nach dem Tod des Altbauern verkauft. Ottos Einsatz für traditionelle bäuerliche Landwirtschaft, deren Erhalt unter den Bedingungen der Moderne eines seiner Forschungsgebiete ist, speist sich ebenso aus dem Gefühl des Verlusts seines Kindheitsparadieses wie aus der festen Überzeugung, dem ökologischen Landbau auf bäuerlichen Betrieben gehöre schon aus Gründen des Erhalts natürlicher Lebensräume die Zukunft.

Ähnlich ausgeprägt freundschaftliche Gefühle wie Rotraud und Otto bringe ich den Mücken nicht entgegen; zumal dann nicht, wenn sie, wie hier im amphibischen Schwemmland zwischen den beiden Mündungsarmen der Rhone, in Mengen auftreten, für die der Begriff Myriaden erfunden worden ist. Dass sie überdies bekennenden Atheisten den Beweis für die Nichtexistenz eines gütigen und die irdischen Dinge nach einem wohl durchdachten Plan regelnden Gottes liefern, soll uns nicht weiter zu theologisch-philosophischen Diskussionen über das Problem der Kontingenz verleiten. Wir haben genug damit zu tun, uns der Überfälle der blutgierigen Tiere mit stinkenden Sprays zu erwehren. Vergeblich. Wir wissen zwar, dass die sogenannten *Repellents*, die Abwehrmittel, helfen, und ihre Hersteller wissen das auch. Nur die Mücken wissen es nicht.

Wir halten also die Fenster unserer Autos geschlossen und fahren ohne anzuhalten durch bis Saintes-Maries-de-la-Mer. Nicht einmal für die halb wild hier lebenden Camarguerinder halten wir an. Die Tiere mit den mächtigen leierförmigen Hörnern gelten als Lieferanten besonders wohlschmeckenden Fleischs, werden heute aber vor allem für die *Course camarguaise* gezüchtet, die provenzalische, unblutige Form des Stierkampfs. Otto und Rotraud haben durch einen Kollegen Ottos von der *École Nationale d'Agronomie* in Montpellier, einer Elitehochschule für Landwirtschaft, eine Einladung auf einen *Mas*, einen Bauernhof, erhalten, der sich so gut wie ausschließlich der Rinderzucht widmet, aber auch Reiterferien für Touristen anbietet.

Otto freut sich darauf, mit den *Gardians* auszureiten, den traditionellen Rinderhirten, die mit langen Stäben und Dreizacks die Tiere dirigieren und in Schach halten. Rotraud und ich werden auf dieses Vergnügen verzichten müssen, denn im Gegensatz zu den Reitkünsten Ottos tendieren die unseren gegen null. Auf den wendigen, mit ausgeprägtem *cow sense* ausgestatteten, ebenfalls halbwild lebenden Camarguepferden, die den mitunter angriffslustigen Rindern mit schnellen Bewegungen ausweichen, würden wir ein trauriges Bild abgeben und uns in Gefahr bringen. Immerhin darf Rotraud die *Manage*, die Herde, ein Stück weit in einer Kutsche begleiten und Fotos machen.

Rechtzeitig zum Beginn des Stierkampfes treffen wir in Saintes-Maries-de-la-Mer ein. Schon am Ortseingang grüßt ein buntes Plakat, auf dem ein weiß gekleideter junger Mann zu sehen ist, der mit einer Art Haken in der Hand einem Stier, der zwischen den Hörnern eine Kokarde trägt, entgegen läuft. Der Name des Tiers ist in Großbuchstaben gedruckt und lautet »Rives«.

»Jean-Pierre Rives«, erläutert eine halbe Stunde vor dem ersten Stierkampf in der Arena von Saintes-Maries Teodòr Tavan, der Züchter von Rives, »war in den sechziger und siebziger Jahren ein berühmter Rugbyspieler. Ich kenne ihn aus der Zeit, als er für ›Stade Toulousain‹ spielte und ich für die Universität von Toulouse. Ich bin froh, dass ich nie gegen ihn antreten musste. Mann aus Eisen war sein Spitzname in Neuseeland.«

Der auch nicht eben schmächtige Monsieur Tavan erlaubt sich ein kurzes Grinsen, dann fährt er fort:

»Meine Stiere sollen so sein wie er, schnell, kraftvoll, wendig.«

Jules Carrier, Ottos Kollege aus Montpellier und ein guter Freund Teodòr Tavans, mischt sich ein:

»Und deshalb heißen die anderen Kampfstiere aus seiner *Manade* auch Spanghéro, Skrela oder ähnlich.«

Wir müssen etwas belämmert dreingeschaut haben, denn Jules Carrier fährt schnell fort:

»Beides Kollegen von Jean-Pierre Rives. Für uns in Südfrankreich zählt als Sport eigentlich nur Rugby. Nun gut, Frankreich gewinnt im Fußball schon mal die eine oder andere internationale Meisterschaft, und im Handball gilt Montpellier ja auch als europäische Spitzenmannschaft, aber was ist das schon gegen einen Sieg über die ›Springboks‹ aus Südafrika oder die neuseeländischen ›All Blacks.‹«

Jules Carrier und Teodòr Tavan haben aus Höflichkeit mit uns Englisch gesprochen, das beide sehr gut beherrschen. Teodòr Tavan erzählt uns, dass er nach dem Abschluss seines Studiums ein Jahr als Cowboy auf einer großen Ranch in Texas gearbeitet hat, bevor er den seit über zwei Jahrhunderten im Familienbesitz befindlichen Hof in der Camargue übernommen hat. Seine eigene Muttersprache sei ohnehin nicht Französisch, sondern *Provençau.*

»*Provençau?*«, fragt Otto, »*what's that*?«

»Ein Dialekt des Okzitanischen«, belehrt ihn Monsieur Tavan.

»Okzitanisch?«, hakt Otto nach.

»Ja, das ist unsere alte Sprache. Die *langue d'oc* ist ein selbstständiger Zweig der romanischen Sprachen so wie Italienisch, Spanisch oder Französisch. Die Sprache der mittelalterlichen Troubadoure. Mit dem Katalanischen ist das Okzitanische näher verwandt als mit dem Französischen. Die Zentralregierung in Paris hat es über Jahrhunderte unterdrückt und auszurotten versucht. Fast wäre es ihr auch gelungen. In der Familie Tavan wurde *Proveçau* aber immer als Alltagssprache verwendet, und unsere Angestellten müssen sie lernen, wenn sie sie noch nicht beherrschen. Alle Kommunikation geschieht im Normalfall auf *Provençau.*«

»So wie bei uns früher«, sagt Otto. »Bei meinem Großvater auf dem Hof wurde nur Platt gesprochen.«

»*Low German, what's that*?«, fragt jetzt Monsieur Tavan, und Otto erklärt ihm, dass Plattdeutsch eine eigene Sprache und nicht ein Dialekt des Hochdeutschen sei. Noch vor einem Jahrhundert die tägliche Umgangssprache in ganz Norddeutschland.

Ein bisschen so sei das wie mit dem Französischen und dem *Provençau.*

Monsieur Tavan ist überrascht und erfreut zugleich. Ob wir denn noch *Low German* sprächen, will er wissen. Otto muss zugeben, dass die Sprache in den Städten Norddeutschlands so gut wie ausgestorben ist und selbst auf dem Land immer mehr dem Hochdeutschen weichen muss. Es bestehe die Gefahr, dass das Nieder- oder Plattdeutsche bald zu einem Objekt musealer Pflege gerade in jenen Kreisen der Bevölkerung werde, die einst im Verein mit der Schule und der staatlichen Verwaltung dafür gesorgt hätten, dass ihre Kinder der Sprache der Eltern entfremdet würden.

Monsieur Tavan nickt. Das Problem kenne er. Ein Hauch Melancholie liegt in seiner Stimme und auf seinem Gesicht. Doch dann lacht er und wird kämpferisch:

»Aber nicht aufgeben. Wir Tavans tun das auch nicht.«

»Tavan«, sage ich, »hieß so nicht einer der Begründer der *Félibrige*?«

»Ach, das wissen Sie?« Monsieur Tavan schaut mich überrascht an. »Ja, in der Tat, Anfós Tavan, ist ein entfernter Verwandter. Er war einer der sieben Dichter, die 1854 unter dem Vorsitz von Frederic Mistral die *Félibrige* gegründet haben. Tedòr Aubanèu war ein anderer. Meine Mutter ist eine geborene Aubanèu und ein direkter Nachfahre Teodòrs. Nach ihm habe ich meinen Vornamen.«

»Nun mal langsam.« Jetzt mischt sich Rotraud ein. »*Félibrige*, Mistral, Tavan, Aubanèu, mir wird ganz wirr im Kopf.«

»Mir auch.« Das war Otto.

»Verzeihen Sie.« Monsieur Tavan, der konservativ mit Maßanzug, Krawatte und hohem *Gardian*-Hut gekleidete Rinderzüchter, der Rugbyspieler und sonnengebräunte Ex-Cowboy ist ganz Gentleman, ein Herr. »Aber wenn sie das Leben in der Camargue und unsere Traditionen verstehen wollen, dann müssen Sie wissen, was die *Félibrige* ist. Eine Gesellschaft, die von sieben Dichtern gegründet wurde und das Ziel hat, die okzitanische Sprache und Kultur zu bewahren. Mit der Sprache ist es mit den Jahren immer schwieriger geworden, von den Jungen sprechen sie nur noch sehr wenige, und die Schulsprache ist Französisch. Aber andere Aspekte unserer Kultur gedeihen durchaus. Wir haben Dichterwettbewerbe und -feste, in Sète gibt es die *Joutes nautiques,* und die *Courses Camarguaises* werden nicht nur bei den Touristen, sondern auch bei den Einheimischen immer beliebter. Das erlaubt uns, die traditionelle Rinder- und Pferdezucht mit *Gardians* weiter so zu betreiben, wie es bereits mein Großvater und Urgroßvater getan haben.«

»Übrigens«, fragt Jules Carrier, »hast du wieder ein Gedicht für das Festival in Arles eingereicht?«

»Nein«, entgegnet Teodòr Tavan. »Dieses Jahr gehöre ich zur Jury. Da kann ich nicht gut am Wettbewerb teilnehmen.«

Aha, Monsieur Tavan ist also nicht nur Rinderbaron, sondern auch Dichter.

»Und Literaturwissenschaftler«, sagt Jules Carrier. »Er hat sogar promoviert. Über Anfòs Tavan und die *Félibrige*.«

Monsieur Tavan lächelt zurückhaltend. »Ach«, sagt er, »das ist doch lange her. Schon fast vergessen.« Doch als er sieht, dass wir ihn weiter fragend ansehen, setzt er hinzu: »Aber es ist schon wahr, ursprünglich wollte ich Universitätslehrer werden. Doch als mein älterer Bruder starb, war klar, dass ich den Hof übernehmen würde. Das war ich der Familie und mir schuldig.«

Sollen wir ihn bedauern?

»Ganz im Gegenteil, ich bin mit Leib und Seele Rinderzüchter. Literaturwissenschaftler bin ich geworden, weil ich nicht geglaubt habe, dass ich je den Hof erben würde.«

Der vorher so fröhlich und gewandt plaudernde Monsieur Tavan ist ernst geworden. Über sein Gesicht zieht ein Schatten, den er mit einer für den agilen Mann überraschend schweren Handbewegung zu verscheuchen sucht. Später wird uns Jules Carrier bitten, das Thema nie wieder anzuschneiden. Sein Freund leide immer noch daran, dass er nur durch den Tod seines Bruders bei einem banalen Autounfall den Familienbesitz geerbt habe. Manchmal gebe er sich heute noch die Schuld daran. Als habe er sich diesen Tod, diesen Unfall gewünscht. Also Schweigen bitte.

Der Auftritt des ersten Stiers reißt Teodòr Tavan aus seiner Gedankenschwere. Der Stier stürmt mit dem Tempo eines Sportwagens, der Grazie und Wendigkeit einer Katze und der Wucht einer Dampfwalze in die Arena und galoppiert einmal im Kreis herum. Offensichtlich nimmt er Besitz von dem Terrain. Seine Hörner sind mit farbigen Schnüren umwickelt, an denen Quasten befestigt sind. Zwischen den Hörnern trägt er eine Rosette. Kampflustig blickt er nach seinem triumphalen Umzug in die Runde. Etwa zwölf, vierzehn weiß gekleidete junge Männer betreten die Arena. Einige tragen einen eisernen Haken in den Händen. Der Stier nimmt Anlauf auf einen von ihnen, der ihm im Bogen ausweicht und ihn zu einem gleichfalls bogenförmigen Lauf zwingt. Als die beiden Halbkreise, als die sich die jeweiligen Laufmuster herausbilden, einander begegnen, macht der Mann einen Ausfallschritt zur Seite, stößt dabei blitzschnell die rechte Hand vor und versucht, mit dem eisernen Haken die Rosette zwischen den Hörnern abzureißen.

Eine *cocarde* sei das, und der *Raseteur,* der sie mit dem *crochet* ergattere, bekomme den ersten Preis erläutert Monsieur Tavan. Das könnten schon mal ein paar tausend Euro sein. Auch für die Quasten und Bänder, für die *glans*, die *ficelles*, das *frontal* gebe es Geld.

Dem jungen Mann misslingt sein Manöver und schon tritt der nächste an. Er hat mehr Glück oder zeigt mehr Geschick. Jedenfalls erobert er eine Quaste. Nach ihm kommen die anderen, und in knapp zehn Minuten hat der Stier all seinen Schmuck verloren.

Monsieur Tavan lächelt. Der Stier sei noch jung und unerfahren. Aber er habe gute Anlagen, und von ihm sei noch allerhand zu erwarten. Ein weiterer Stier stürmt in die Arena, dann noch einer und noch einer. Keiner kann seine Trophäen zur Gänze verteidigen. Der eine verliert die *cocarde*, ein anderer die *ficelles*.

Und dann tritt *er* auf, »Rives«, jeder Zoll seines geschmeidigen Körpers, unter dessen glänzend schwarzer Haut sich die Muskeln bewegen wie spielende Katzen, ein König. Ein König der Arena, der auch sogleich seine Macht zeigt. Auf den ersten *Raseteur* geht er ungestüm los, neigt den Kopf und setzt zum Stoß mit dem rechten Horn an.

»Sein bevorzugtes Horn«, sagt Monsieur Tavan. »Das ist wie bei Boxern, da gibt es ja auch Rechts- und Linksausleger.«

Der Mann kann dem Rechtsausleger Rives gerade noch ausweichen und klammert sich mit Beinen und Armen an das Horn. Ein unwilliges Kopfschütteln von Rives schickt ihn im hohen Bogen durch die Luft. Die anderen *Raseteurs* und *Tourneurs*, Helfer, die den Stier in Position für die *Raseteurs* bringen, lenken Rives von einem erneuten Angriff auf den unsanft Gelandeten ab, der jetzt humpelnd die Arena verlässt. Einer nach dem anderen der jungen Männer versucht sein Glück, aber keiner kommt auch nur in die Nähe der Trophäen. Rives ist viel zu erfahren, um auf ihre Finten und Tricks hereinzufallen. Nach einer Viertelstunde ist Schluss mit dem ungleichen Ringen. Rives darf unbesiegt die Arena verlassen. Er will aber nicht und die *Tourneurs* müssen all ihre Geschicklichkeit und ihren Mut aufwenden, um ihn zur Rückkehr in seinen Stall zu bewegen.

»Rives ist eben ein richtiger Professor. Was der über die *Course* nicht weiß, braucht man als Stier auch nicht zu wissen«, sagt Jules Carrier.

Sein Freund grinst so spitzbübisch, dass man einen Augenblick den Gentleman und Herren vergisst und ahnt, welche Freude ihm einst das körperbetonte Rugbyspiel und die Arbeit als Cowboy gemacht haben. Die Schatten auf seinem Gesicht haben sich verzogen und er wirkt glücklich wie ein Schuljunge, dem ein Streich gelungen ist.

Wir haben die Stierkampfarena verlassen. Von der Atmosphäre, die einst Vincent van Gogh in dem Fischer- und Wallfahrtsort angetroffen hat, ist kaum noch etwas zu verspüren. Saintes-Maries-de-la-Mer gehört ganz und gar den Touristen aus aller Welt und den Mücken, die wieder einmal sirrend und saugend ihren negativen Gottesbeweis führen. Um die Residuen des Glaubens an überirdische Mächte zu bewahren, gehen wir zur Kirche *Notre Dame de la Mer*, einer gedrungenen romanischen Wehrkirche. Im Kirchenschiff sind die Statuen von zwei Frauen in einem Boot zu sehen, von denen eine die Rechte segnend erhoben hat. In der Linken hält sie einen Kelch. Die zweite Frau hat die Hände zum Gebet zusammengelegt. Der Legende nach sind es die »Saintes Maries« Maria Jacobaea, die Tante Jesus', und Maria Salome, die Mutter der Apostel Johannes und Jacobus. Sie seien, heißt es, nach dem Kreuzestod Christi an das unwegsame Ufer des Schwemmlandes der Camargue gesegelt, um den Häschern des römischen Imperiums zu entkommen, und hätten der *Notre Dame*, der Mutter Gottes, eine Kapelle am Meer gestiftet, die Vorgängerin des heutigen Baus von *Notre Dame de la Mer*.

»Es gibt sogar Spinner«, sagt Monsieur Tavan, der mit allen Traditionen der Camargue natürlich bestens vertraut ist, »die glauben eine der Frauen sei Maria Magdalena. Die soll sich und ihre Kinder, die sie angeblich mit Jesus hatte, hier in Sicherheit gebracht haben. Na ja, klingt wie der Unsinn, den Dan Brown im ›Da Vinci Code‹ erzählt hat.«

»Dann«, sagt Jules Carrier spöttisch, »könntest du ja einer der Nachfahren von Maria Magdalena und Jesus sein. Deine Familie lebt doch hier schon seit ewigen Zeiten.«

»Stimmt, aber lassen wir den Quatsch. Lasst uns zur Heiligen Sara gehen.«

In der dunklen Krypta der Kirche steht sie, Sara, die Dienerin der beiden Marien und Schutzpatronin der Zigeuner, die sich am 25. Mai, ihrem Gedenktag, hier zu einer weltberühmten Wallfahrt versammeln. Die Statue der Schwarzen Sara ist verblüffend klein. Auf dem Kopf trägt sie eine Krone, ihr Körper ist unter einer unförmigen Masse bunter Kleider verborgen. Im Dunkel der Krypta erhellen nur flackernde Kerzen ihr winziges schwarzes Gesicht. Unzählige Kitschbildchen, Briefe, Danksagungen sind um sie herum ausgebreitet. An der Wand hinter ihr hängen Nachbildungen von Gliedmaßen und Bilder mit naiver Malerei, die eine Rettung aus einer Notlage dokumentieren. Da wird ein Junge von einem ausschlagenden Esel im Gesicht getroffen und vermutlich durch Fürsprache der Schwarzen Sara geheilt. Da können sich Menschen von einem brennenden Schiff in Sicherheit bringen, weil aus dem Himmel ihnen die Heilige aus einem goldenen Strahlenkranz zulächelt. Zeugnisse einer naiven Volksfrömmigkeit, die ihre heidnische Herkunft nicht verleugnen kann, sind diese Exvotos.

Wir haben alle Hunger, als wir aus der Kirche kommen, und Monsieur Tavan schlägt statt eines

Restaurantbesuches vor, wir sollten bei ihm zu Hause essen. Sonst gebe es Ärger mit Magali, und wer das sei und warum es sonst verdrießlich werde, das würden wir schon sehen. Es sei ja nur eine Fahrt von einer Viertelstunde, und ich sei, *of course, naturellement*, selbstverständlich auch eingeladen.

Die Küche in dem über einhundertfünfzig Jahre alten *Mas* der Tavans hat riesige Ausmaße. In ihr wird täglich für alle Mitglieder des Haushalts und die Angestellten des Betriebs gekocht. Hier ist das Reich von Magali, einer etwas brummigen Alten, die Monsieur Tavan wie einen ungezogenen Jungen behandelt, weil er zu spät zum Essen kommt. Nur für Jules Carrier hat sie ein Lächeln übrig, uns andere begrüßt sie mit, wie es scheint, höflicher Gleichgültigkeit.

Monsieur Tavan hat wieder sein Lausbubenlächeln aufgesetzt.

»Sie darf sich alles erlauben«, sagt er, »weil sie mich nach dem frühen Tod meiner Mutter erzogen hat. Sie hat mir die alten provenzalischen Volkslieder vorgesungen und die Märchen der Gegend erzählt. Außerdem ist sie eine erstklassige Köchin.«

Magali, die sein Englisch nicht versteht, blickt ihn streng an, lässt sich aber von Jules Carrier schnell überzeugen, dass hier keine Respektlosigkeiten im Spiel sind.

»Der ist ihr Liebling«, sagt Monsieur Tavan mit gespielt bockiger Stimme. »Warum, weiß ich auch nicht, aber der darf sich alles erlauben. Nicht wahr, Magali?«

Er zwickt sie in den Arm und sie schlägt lachend nach ihm.

Neben einem großen modernen Herd mit Ceran-Kochfeld ist auch noch ein ausladender mit Holz befeuerter Herd mit mehreren Kochstellen und Eisenringen zur Regulierung der Hitze in Betrieb. Über dem Feuer eines rauchgeschwärzten Kamins hängt an einem Haken ein Eisenkessel, aus dem es verführerisch duftet. Wir setzen uns an einen langen, blank gescheuerten Holztisch, und Magali füllt uns mit einer großen Kelle die Teller. Es ist eine Art Rinderragout, was sie auftischt, auf provenzalische Art mit Möhren, Kräutern der Provence, Zucchini, Knoblauch und Oliven in Rotwein geschmort. Dazu gibt es den roten, sehr würzigen Reis der Camargue. Satt und zufrieden sitzen wir bei einem Glas Wein noch lange in Monsieur Tavans Bibliothekszimmer mit den Möbeln aus Olivenholz und den Fotos und Porträts berühmter Stiere beisammen.

Am nächsten Morgen stehen wir früh auf. Otto wird mit Monsieur Tavan, der sich die Begleitung nicht nehmen lässt, und ein paar Gardians ausreiten, Jules Carrier und Rotraud ihnen in gehörigem Abstand in einer zweirädrigen Gig folgen. Der Landrover bleibt auf dem Hof stehen. Sein Motorgeräusch würde die halbwilden Pferde und Rinder beunruhigen, die um diese Jahreszeiten von den Mückenschwärmen ohnehin gereizt seien und auf jede Störung übernervös reagierten.

Ich verzichte auf eine Kutschfahrt mit Rotraud und Jules Carrier. Mir machen die Mücken mehr noch als den Tieren zu schaffen. Ich verabschiede mich von allen, bedanke mich bei Monsieur Tavan für seine Gastfreundschaft und will losfahren. Aber ich habe nicht mit Magali gerechnet. Ohne Frühstück komme ich ihr nicht vom Hof, und so sitze ich mit den Freunden und den Gardians, die sich einer nach dem anderen eingefunden haben, am langen Holztisch und esse, was sie auftischt. Das Wort gehaltvoll wäre eine Untertreibung für die Mengen an selbst gebackenem Brot, an Käse, frischem Quark, verschiedenen Würsten, eingelegten Paprikaschoten, grünen und weißen Oliven und überhaupt allem, was der Landstrich hervorbringt.

Für die Fahrt nach Sète im Languedoc bin ich nach diesem Frühstück gerüstet. Weil ich mich mit Otto und Rotraud erst für übermorgen in diesem größten französischen Fischereihafen verabredet habe, fahre ich noch ein wenig kreuz und quer in der amphibischen Landschaft umher. Nur in Meeresnähe bin ich vor den Attacken der Mücken einigermaßen sicher. In den Lagunen gründeln rosarote Flamingos, Entenschwärme ziehen über den Himmel, Kuh- und Seidenreiher staksen auf der Suche nach Beute durch das flache Wasser. Einsam ist es hier abseits der Touristenhochburgen von Carnon Plage und Grau-du-Roi mit ihren Häusern in pseudoprovenzalischem Stil. Nur in La Grande Motte sehe ich mich ein wenig um. An den breiten Alleen, auf denen Pinien und Platanen Schatten und Kühle spenden, steht phantasievolle, ja aufregende Architektur in der Nachfolge der weißen Moderne eines Le Corbusier oder Mies van der Rohe. Vor allem das Dampfermotiv Corbus scheinen die Stadtplaner aufgegriffen zu haben. Wie der Bug eines Ozeandampfers schieben sich die Gebäude ins Blickfeld, Geländer erinnern an Relings, gewaltige Rundfenster an Bulleyes und auskragende Terrassen an Sonnendecks.

Den Abend verbringe ich in der *Petite Camargue* ganz im Westen und schon im Languedoc an einer Lagune. Hier stehen die *Cabanes*, Schilf gedeckte Hütten, die einst den armen Fischern der Gegend als temporäre Unterkunft dienten. Zum Glück weht vom Wasser ein stetiger Wind, der die Mückenschwärme größtenteils vertreibt. Da ich mich außerdem noch kräftig mit den Erzeugnissen der deutschen Pharmaindustrie eingenebelt habe und die Fenster meines Bullys geschlossen halte, bleibe ich von ihren Stichen weitgehend verschont.

Am nächsten Morgen stehe ich kurz nach Sonnenaufgang auf und werde mit einem Bild belohnt, das sich in die Netzhaut der Erinnerung einbrennt. Ein riesiger Trupp von vielleicht achtzig, neunzig oder hundert Flamingos zieht über den Himmel und quer über das Bild des knallroten Feuerballs, als den die Sonne aus dem nahen Meer auftaucht. Kitsch? Vielleicht, aber unvergesslich.

Im Languedoc

Fisch, Blick aufs Meer und ein Sänger als Kriegsgefangener – in Sète

Auf dem ehrwürdigen, von alten Platanen beschatteten und mit großen Kalksteinplatten gepflasterten Platz im Zentrum von Sète spielen Kinder und Halbwüchsige Fußball. Geschickt umranden sie den gusseisernen Musikpavillon mit seinen eine Art chinesisches Dach tragenden schlanken Säulchen vom Ende des vorletzten Jahrhunderts. Die steil ansteigende Stützmauer, die den Platz an einer Seite begrenzt und die Straße zur Oberstadt trägt, benutzen sie gerne als Bande. Das ist zwar wenig effektiv, weil die grob behauenen Steine den Ball nur ganz selten im gewünschten Winkel zurückprallen lassen, tut der Begeisterung der Jungen und Mädchen aber keinen Abbruch. Fröhlich kreischen sie auf, wenn der Ball zu einer der alten Damen oder Männer, die auf niedrigen Steinbänken das Treiben gelassen betrachten, rollt, und bedanken sich höflich für dessen Rückgabe. Kein Mensch, weder die behände sich durch das Geschehen windenden fröhlichen Kellner der Straßencafés noch die eilig den Platz überquerenden Hausfrauen und schon gar nicht die Rentnerinnen und Pensionäre fühlen sich von dem Geschrei der Kinder oder dem munter durch die Gegend springenden Ball gestört. Der Würde der Alten und der vierstöckigen Häuser aus dem neunzehnten Jahrhundert mit ihren venezianischen Fenstern und schmalen Balkonen, die ernst und hochnäsig auf das Treiben herab schauen, tut das quirlige Spiel keinen Abbruch.

Ich sitze mit einem *grand café noir* vor einem Straßencafé im Freien, habe den *Midi Libre*, die größte Zeitung des Languedoc, sinken lassen und betrachte angelegentlich die Kringel, die das Sonnenlicht, das durch den dichten Baldachin der Platanen fällt, auf das Pflaster malt. Die leichte Brise vom nahen Mittelmeer lässt die Blätter beruhigend rauschen und ihre Schatten auf dem Erdboden nervös zittern. Das Lärmen der spielenden Kinder scheint in diesen Schatten, im Laub der Bäume und der gemessenen Ruhe des Platzes und seiner Menschen zu versickern.

Auch auf Rotraud und Otto, die trotz der kaum zweistündigen Autofahrt über südfranzösische Nebenstraßen erhitzt und verschwitzt in Sète ankommen und sich erschöpft neben mir auf einen der zierlichen Eisensessel sinken lassen, wirkt die Mischung aus quicklebendiger Betriebsamkeit und zeitloser Ruhe stimulierend und sedierend zugleich. Sie sind wegen der Hitze schon bei Sonnenaufgang aufgebrochen, und so ist es noch früh am Tag, als wir uns zu einem ersten Erkundungsgang durch Sète aufmachen.

Frankreichs größter Fischereihafen am Mittelmeer liegt auf einer lang gestreckten, schmalen Landzunge zwischen einer Lagune und dem Mittelmeer und ist von zahlreichen Kanälen durchzogen. Den *Canal Royal* ließ Ludwig XIV. anlegen, um seine Flotte hier vor Feinden verstecken zu können. Dass der Stadthügel Mont Saint-Clair vorzüglich für die Anlage einer heute nicht mehr existierenden Zitadelle zur Verteidigung von Hafen und Flotte geeignet war, hatte schon sein Festungsbaumeister Vauban erkannt.

Am Kai des *Canal Royal* und an all den anderen Kais der Bassins und Kanäle haben die Fischdampfer festgemacht und löschen ihre Ladung. Kisten, in denen Fische auf Eis liegen, Körbe mit Krebsen und Langusten, mit Muscheln und Tintenfischen werden auf Kleintransporter geladen, die die Ware zur Auktionshalle am Ende des Hafens oder gleich in einen der Verarbeitungsbetriebe an Ort und Stelle bringen. Sie und die Transportarbeiter mit den vierrädrigen, mit Planen bedeckten Karren müssen sich ihren Weg zwischen den Stapeln leerer Kisten, zwischen Reusen und Netzen suchen, die daliegen, als hätte das Tourismusbüro von Sète die malerische Unordnung von einem Designer entwerfen lassen. Es ist aber alles echt, und wohl nur Fremde wie wir nehmen das Besondere dieses Orts wahr. Es riecht nach Tang und Fisch, nach Öl und Sommer, eine erregende Mischung. Hunger meldet sich und wir folgen den Fischern, Kistenträgern und Lastwagenfahrern zu einem einfachen Bistro, wo wir uns zu einer Muschelsuppe und einem *ballon*, einem Gläschen Rotwein, niederlassen.

Dann gehen wir hinüber auf die andere, die touristische und vornehme Seite des *Canal Royal,* wo das Hotel steht, in dem ich Quartier genommen habe und wo auch für Rotraud und Otto ein Zimmer reserviert ist, das sie erst jetzt am späten Morgen beziehen können. Sie bringen ihr Gepäck hinauf und beschließen, erst einmal zu duschen. Ich begleite sie nach oben und genieße von meinem Zimmer im zweiten Stock den Blick auf das Geflecht der belebten Wasserstraßen und Hafenflächen dieses Venedigs am Mittelmeer, bis Rotraud und Otto mich zu einem Spaziergang abholen.

Wir schlendern langsam den Kai entlang. Bars und Restaurants, Obst- und Gemüseläden, Fischgeschäfte und Andenkenläden säumen den Weg. Einige Geschäfte bieten den in Hafenstädten üblichen maritimen Schnickschnack wie Buddelschiffe, Leuchttürme, Miniatursteuerräder oder Knotentafeln an. Aber da ist auch eine ganz altmodische *Quincaillerie*, ein Eisen- und Haushaltswarenladen mit Bratpfannen, gewaltigen Suppentöpfen und allerlei Gerätschaften zum Knacken von Muscheln und anderem Meeresgetier im Schaufenster. An der Wand eines Fachgeschäfts für Fischer- und Seemannsbedarf hängen große Trommeln mit Tauwerk in allen Stärken, und im Innern des langen Schlauchs, als den sich der Laden entpuppt, fühlt man sich wie in einer Schatzhöhle. Die Klampen, Schäkel und Rollen, die Beschläge, Blöcke und Kauschen sind von beeindruckender Größe und massiver Materialität und ganz und gar ungeeignet als Dekorationsstücke für das heimische Wohnzimmer.

»Gott sei Dank«, sagt Rotraud, und ich sage das auch und Otto nickt zustimmend. Und dann sagt Rotraud noch »Und hier essen wir heute Abend« und deutet auf ein Fischrestaurant, in dessen offener Tür ein dickbäuchiger Graubart lehnt, genüsslich eine Zigarette raucht und sich mit dem Mann unterhält, der ihm gerade von Bord des nur etwa fünf Meter entfernt am Kai liegenden Fischdampfers ein paar Fische gebracht hat. Als dieser typische *Patron*, Besitzer des Restaurants und seinem Outfit mit einer nicht eben sauberen Schürze um die Hüften nach zu urteilen auch sein Koch, unser Interesse sieht, sagt er, die Küche sei leider schon geschlossen. Höchstens einen Teller Fischsuppe und ein paar Austern könne er uns noch servieren. Kein Interesse? Auch gut, und selbstverständlich kann er uns für heute Abend einen Tisch vor dem Restaurant reservieren.

Wir sind mit Rotrauds Wahl höchlichst zufrieden, geben aber zu bedenken, dass ein abschließendes Urteil über die Qualität des Mahles erst nach erfolgter Einnahme zu fällen sei. Dass diese Einlassung ein reines Rückzugsgefecht zur Wahrung unserer Selbstachtung ist, weil Otto und ich wissen, dass, wenn Rotraud einen Entschluss wie diesen mit hanseatischer Bestimmtheit verkündet, keine Einreden helfen, mit dieser Einschränkung unseres freien Willen also müssen wir zurechtkommen. Also sage ich den unsere Fremdbestimmung camouflierenden Satz:

»Hier ist gut sein, hier wollen wir uns niederlassen.«

Rotraud grinst spöttisch und sagt: »Ja, heute Abend«, und Otto tut so, als gehe ihn das nichts an.

Der *Cimetière Marin*, der Seemannsfriedhof, liegt in mehreren steil aufsteigenden Terrassen auf einem Berg über dem Mittelmeer. Eine steinerne, graue Totenstadt mit kleinen Häusern, Familiengrüften und einfachen Steingräbern mit überraschend vielen italienischen Namen. An den meisten von ihnen sind, wie im gesamten christlichen Mittelmeerraum üblich, kleine Fotos der Verstorbenen angebracht. Die sie schützende Glasschicht hat bei den älteren Gräbern und Grabanlagen der salzhaltige Seewind zu milchiger Undurchsichtigkeit zerraspelt und zerfeilt.

Ein melancholischer Ort, zumal es jetzt auch noch zu regnen anfängt. Wir suchen und finden das Grab des aus Sète stammenden Dichters und hermetischen Wortartisten Paul Valéry, der als junger Mann seine Geburtsstadt verließ, um in Paris, dem Zentrum von Kunst und Literatur, zu leben, aber auf dem heimatlichen Friedhof begraben sein wollte; auf jenem Friedhof, dem er eines seiner weniger hermetischen Gedichte widmete, ein Gedicht mit den von Rainer Maria Rilke übersetzten und wie die Wellen des Meers gegen den Felsen anrollenden Anfangsversen

Das Meer, das Meer, ein immer neues Schenken!
Oh, die Belohnung nach dem langen Denken.
Ein langes Hinschauen auf der Götter Ruhm.

Der Regen ist stärker geworden, und das Licht des Südens einem bleifarbenen Himmel gewichen, aus dem es herabzuweinen scheint. Ein Museumsbesuch steht noch auf dem nachmittäglichen Programm. Aber in welches sollen wir gehen? In das, das die

Stadt Sète ihrem berühmtesten Dichter eingerichtet hat, oder in das *Espace Georges Brassens*, das die Erinnerung an den gleichfalls aus Sète stammenden, 1981 gestorbenen Chansonsänger und Poeten wach hält? Wir entscheiden uns, diesmal dem sanften Anarchisten Georges Brassens die Ehre zu geben. Beim Gang durch den modernen Stein- und Glasbau mit den labyrinthischen Wegen begleitet uns seine nicht eigentlich schöne oder besonders volltönende, aber auf zärtliche Weise anrührende Stimme. Fotos, Plattencover, Briefe, Zeitungsartikel breiten sein Leben vor uns aus und erzählen Erstaunliches. Dass er, der ursprünglich Dichter werden wollte, aber seinem poetischen Talent nicht traute und deshalb Chansons schrieb und sie zur Begleitung auf der Gitarre sang, im Zweiten Weltkrieg nach Deutschland als Zwangsarbeiter deportiert wurde; dass er von einem genehmigten Heimaturlaub nicht zurückkehrte und in der Wohnung der dreißig Jahre älteren Jeanne Le Bonnier, die bis zu ihrem Tod seine mütterliche Freundin bleiben sollte, und ihres Mannes Marcel ein Versteck zwischen Hunden, Katzen, Hühnern und Enten fand. Dem Handwerkerehepaar blieb er sein Leben lang dankbar und widmete ihm mit »Jeanne« und »Chanson pour l'Auvergnat« zwei seiner bekanntesten Chansons. Staunend lernen wir, dass der Flüchtling aus deutscher Zwangsarbeit, seine estnische Lebensgefährtin Joha Heyman ohne jedes Ressentiment auf Deutsch zärtlich »Püppchen« nannte.

Begraben wurde Georges Brassens nicht, wie er es sich in einem Chanson gewünscht hatte, am Strand von Sète, sondern zusammen mit seiner Geliebten auf dem nahen Friedhof St. Py. Mit unfreiwilliger Komik bezeichnet sie eine Inschrift als »Püpchen«.

Abends zeigt sich, dass Rotrauds autoritäre Festlegung bezüglich des Restaurants am *Canal Royal* richtig war. Wir loben die Tintenfischsuppe, deren Rezept, wie uns der Kellner erzählt, von italienischen Einwanderern stammt, die seit den frühen Jahren des zwanzigsten Jahrhunderts als Arbeitsemigranten nach Sète kamen oder später aus politischen Gründen aus dem faschistischen Italien geflüchtet waren. Nach der Vorspeise dann legt der *Patron* mit einer Fischplatte Ehre ein. Seeteufel, Drachenkopf und Dorade zu würzigem Reis und einer ganz feinen Safransauce, dazu ein leichter, süffiger Roséwein, den der Wirt, wie so oft in Frankreich, selbstverständlich von »seinem« Winzer bezieht, Herz, was willst du mehr, sollst recht haben, Rotraud. Da auch die *Crème brulée* zum Abschluss nichts zu wünschen übrig lässt, können wir die Frage des *Patrons* beim abschließenden Espresso, ob es uns geschmeckt habe, aus reinem Herzen bejahen. Er ist von unserer offensichtlichen Begeisterung so angetan, dass er uns zu einem Schnaps einlädt. Aber nicht zu irgendeinem, sondern zu einem wunderbar duftenden und noch besser schmeckenden »Marc de Muscadet«, einem bernsteinfarbenen Tresterbranntwein aus den Schalen der Muscadettraube. Die schlanke Weinflasche, aus dem ihn uns der *Patron* einschenkt, trägt kein Etikett. Auch sie stammt, *bien sûr*, von »seinem« Winzer.

Wir schwatzen noch ein wenig mit dem Wirt, der vor die Tür gegangen ist, um eine Zigarette zu rauchen, dann gehen wir, müde, satt und glücklich, die paar Schritte zu unserem Hotel.

Beim Gute-Nacht-Sagen kann ich mir einmal wieder meinen Dauerspruch nicht verkneifen. Ich setze mit den Worten »Charme und Würde ...« an und Rotraud vollendet sogleich ganz ohne Spott den Satz mit »... der französischen Provinz«. Otto nickt zustimmend.

In der Rouergue

Ein weiblicher Feldwebel, ein Grabenbruch und eine Legende – in Roquefort

Karg wie alle *Grands Causses* ist der Causse de Larzac, die größte dieser Kalksteinhochebenen in Südfrankreich, in denen der Regen so schnell durch Spalten und Risse versickert, wie er fällt. Karg und sonnenverbrannt jetzt im Sommer, kalt und unwirtlich im Winter. Eine der am dünnsten besiedelten Regionen Frankreichs, erzählt Monsieur Michelet. Als aber 1972 der französische Staat hier ein weiträumiges Militärgelände und Sperrgebiet einrichten wollte, habe sich der Widerstand der Bauern, Winzer und Schafzüchter, der Studenten, Beamten und Lehrer in der Rouergue, der alten Grafschaft, zu der der Causse Larzac gehört, formiert.

Monsieur Michelet unterrichtet Deutsch am Gymnasium im nahen Rodez, der Hauptstadt des Departements Aveyron, das ungefähr dem Gebiet der Rouergue entspricht. Damals hat er bei dem Protest gegen die Gewissenlosigkeit, mit der ein großes Stück Natur angeblichen militärischen Sachzwängen geopfert werden sollte, mitgemacht. Die Erinnerung an die Pariser Maiunruhen von '68, an den Studentenaufstand und den Generalstreik der Arbeiter war noch frisch. Er schwärmt wie ein Schulmädchen von ihrem geliebten Lehrer immer noch von »Dany le Rouge«, dem »roten« Daniel Cohn-Bendit, im Mai 1968 einer der Anführer der Studentenrebellion.

Rotraud, Otto und ich haben Monsieur Michelet in Roquefort beim Warten auf Einlass zu den Höhlen der Société de Roquefort, des bei weitem größten Produzenten des wohl berühmtesten Blauschimmelkäses der Welt getroffen. Nur langsam rückt die Schlange der Besucher vor, und wir plaudern mit Monsieur Michelet, der uns angesprochen hat, als er hörte, dass wir Deutsche sind, über unsere Erinnerungen an »damals«, an das Jahr 1968, als die sozialistische Revolution für viele unmittelbar bevorzustehen schien. »Wir haben sie so geliebt, die Revolution«, zitiert er mit melancholischem Lächeln einen Buchtitel seines Vorbilds, des »Roten Dany«. Es fällt schwer, in dem gedrungenen Mann mit dem lichten Haar und dem Bäuchlein, der so freundlich und harmlos lächeln kann, den Revoluzzer von einst zu erkennen.

Endlich dürfen wir in das unterirdische Höhlensystem eintreten. Schon nach wenigen Metern empfängt uns eine junge Frau, die sich als Séverine vorstellt und uns anweist, ihr durch die kühlen und feuchten Felsengänge zu folgen. In der ersten der vielen Höhlen von Roquefort bleibt sie stehen. »Venez, venez, venez, venez«. Séverines Stimme klingt sehr energisch, und die zehnjährigen Schüler und Schülerinnen, die eben noch übermütig und laut durch Gänge und Höhle getollt sind, werden sofort still und lammfromm. Séverine ist klein, schlank, hübsch, lustig und sehr, sehr bestimmt, eine Mischung aus Feldwebel und charmanter junger Frau. Nur wer noch nie erlebt hat, wie in Frankreich zerbrechlich wirkende blutjunge Lehrerinnen ohne großes Aufheben, nur mit ein paar scharfen Worten eine Gruppe von ungebärdigen Kindern bändigt, wird über Séverines Auftreten erstaunt sein.

Séverine ist keine Lehrerin, sondern Angestellte der Société de Roquefort. Außer der Société gibt es noch sechs weitere Fabrikanten des berühmten Käses in der Stadt. Aber die Konkurrenz streift Séverine nur kurz in ihrem Vortrag über die Geheimnisse der Verwandlung von Rohmasse in einen echten Roquefort. Séverine spricht mit der Präzision, der Geschwindigkeit und der Autorität eines Schnellfeuergewehrs und verlangt von der Gruppe, die sich in dem klammen und kalten unterirdischen Raum versammelt hat, volle Aufmerksamkeit.

Das Höhlensystem von Roquefort, erklärt sie, entstand vor etwa 200 Millionen Jahren, als das Combalou Gebirge einbrach und sich Felsspalten, Risse, Luftschächte und große Höhlen bildeten. Séverine zeigt, *voilà*, mit ausgestrecktem Zeigefinger auf eine Art Marionettenbühne. Dort wird gerade mit Donner und Blitz und wildem Lichtgeflacker das Ereignis simuliert. Das mutet ein wenig putzig an, aber Franzosen lieben solche *Son et Lumière*-Effekte, und deshalb bleiben wir alle ernst. Séverine achtet zudem darauf, dass wir das weltgeschichtliche Ereignis mit genügendem, und das heißt schweigendem Respekt zur Kenntnis nehmen. Denn erst dieser vorzeitliche Grabenbruch machte die Produktion des Roquefort möglich, erklärt sie mit gewichtiger Miene. In den Höhlen nämlich herrscht eine konstante Temperatur von acht Grad, die Luftfeuchtigkeit beträgt zu jeder Zeit 95 Prozent, und stetig zirkulierende Winde, »Fleurines« genannt, sorgen für den Luftaustausch. Eine ideale Atmosphäre, um die auf Bauernhöfen des Département Aveyron und angrenzender Gebiete hergestellten und noch ganz milden, weißen Schafskäse zu einem Roquefort heranreifen zu lassen. Nur Milch von Schafen der Rasse Lacaune komme dafür in Frage, damit das mal klar sei und Ruhe dahinten. Damit ist Otto gemeint, der, selbstverständlich leise, Monsieur Michelet erzählt, auch in Deutschland werde Blauschimmelkäse und gar nicht so schlechter produziert. Aus Kuhmilch, sicher, aber ... Ruhe dahinten.

Unter Séverines Führung gehen wir weiter durch die Gänge und Höhlen des Cambalou. Wir defilieren vorbei an Schaukästen und Dioramen, in denen die Berühmtheiten der französischen Geschichte von Karl dem Großen und anderen Königen über Philosophen wie Diderot und d'Alembert bis hin zu den Revolutionären Danton und Robespierre beim genüsslichen Verspeisen von Roquefort Käse zu besichtigen sind. Niemand lacht, und wieder einmal muss ich mir die Spannweite des französischen Zivilisationsbegriffs ins Gedächtnis rufen. Das geht diesmal nicht ohne ein Schmunzeln, ein heimliches natürlich hinter dem breiten Rücken Monsieur Michelets, der etwas wie »Unfug« murmelt, vorsichtshalber auf Deutsch.

In einer Höhle, die schon im siebzehnten Jahrhundert genutzt wurde, wuchert Farn, und Séverine weist noch einmal auf die vorhandene Feuchtigkeit hin. Die ist nicht nur nötig für die Reifung des Käses, sondern auch für die Herstellung des Pilzes, der aus einem x-beliebigen Schafskäse erst den begehrten Blauschimmelkäse macht. Séverine hält zwei kleine Glasflaschen in die Höhe. In der einen befindet sich vertrocknetes und angeschimmeltes Brot, in der anderen grünlicher Staub. Séverine will wissen, wie viel Käseleibe von je drei Kilogramm Gewicht sich unserer Meinung nach mit den etwa fünf Gramm der Sporen des »Penicillium roqueforti«, das nur hier in den Höhlen von Roquefort gedeiht, herstellen ließen. Zwei? Falsch! Zehn? Auch falsch! Fünfzig, hundert, alles falsch! Die fünf Gramm Sporen reichen, um etwa 400, in Worten v i e r h u n d e r t, Käselaiben von je drei Kilogramm den spezifischen Geschmack und die Konsistenz eines typischen Roquefort zu verleihen. Hätten Sie das gedacht, *Mesdames et Messieurs*? Nein, hätten wir nicht. Und deshalb staunen wir zu Séverines Befriedigung auch pflichtschuldig.

Wie es zu der Entdeckung der kulinarischen Wirkkraft des Pilzes kam, dazu weiß Séverine eine hübsche Anekdote. Ein junger Hirte sah ein wunderhübsches Mädchen über die Ebene ziehen. Flugs legte er sein Käsebrot in eine Felsgrotte und lief hinter dem Mädchen her, das sich ihm wieder und wieder entzog, bis es schließlich am Horizont entschwand. Enttäuscht kehrte der Hirte nach Tagen heißhungrig zu seiner Herde und seinem Käsebrot zurück. Doch das Brot war verschimmelt, und blaugrüne Äderchen zogen sich durch den Käse. Der aber strömte einen verlockenden Geruch aus und beherzt biss der junge Mann hinein, *et voilà*, ein Gourmetprodukt war entdeckt.

Die den Geschmack so bestimmenden blaugrünen Äderchen entwickeln sich also erst in den Höhlen unter dem Ort. Dorthin werden die auf den Bauernhöfen und in den Molkereien der Umgebung produzierten und bereits mit dem Pilz versetzten und in Formen gepressten Käse nach drei bis vier Tagen als weiße Laibe gebracht. Auf einer ersten Höhlenebene verbleiben sie etwa zwei Wochen. Dann bringt man sie zur »Affinage«, zur Verfeinerung und Reifung, auf eine zweite Ebene, und zwar je nach den drei Geschmacksvarianten, die die Société dem Kunden anbietet, in unterschiedliche Höhlen. Die meisten Laibe gehen in die *Cave Abeille*. Dort lagert der »1863«, der Klassiker, der als einziger in den Export nach Deutschland geht. In der *Cave des Templiers*, der Höhle der Tempelritter, sagt Séverine und weist gebieterisch in die Höhe, reife ein kräftigerer Käse, einer »mit mehr Charakter«, während die *Cave de Baragnauds* für eine kremige, milde Sorte sorge. Je nach gewünschtem Reifegrad und nach Sorte kommen die fast fertigen Käse nach drei bis zwölf Monaten noch auf eine dritte Ebene und gehen dann in den Verkauf.

Noch Fragen? Nein, Séverine, und *Merci*. Mit einem Lächeln entlässt uns unsere charmante Führerin, auf die bereits eine neue Gruppe wartet, in den Verkaufsraum der Société. *Bon appétit*.

Von Messern und Kühen – im Aubrac

François Mitterrand hatte eins, Jacques Chirac hat eins und Nicolas Sarkozy auch. Ein Messer aus Laguiole. Jedem französischen Staatspräsidenten wird bei der Amtseinführung ein Taschenmesser aus dem 1200-Einwohner-Ort auf dem über eintausend Meter hohen Plateau des Aubrac überreicht. Nicht irgendeins, sondern eins mit dem Markensiegel »Origine Garantie«, erklärt man uns in dem Gebäude der »Forge de Laguiole«, einer der Produktionsstätten solcher Wundermesser. Ein »echtes« Laguiole mit Herkunftsgarantie dürfen außer der »Forge« nur noch zwei weitere Schmieden produzieren. Die Kriterien, die der Verein »Le Couteau de Laguiole« dafür festgelegt hat, sind streng. Das Messer muss vom Schmieden der Klinge über die Herstellung und Montage des Ressorts, der Feder, und seiner Verzierung bis hin zum Zuschleifen und Anbringen der Griffschalen vollständig vor Ort und allein in Handarbeit hergestellt werden. Solche Fertigung hat ihren Preis. Das einfachste und kleinste Laguiole mit »Origine Garantie« ist für unter sechzig Euro kaum zu haben.

Nachahmungen ungewisser Herkunft und Qualität gibt es schon für weniger als ein Viertel dieser Summe. Der Name Laguiole nämlich ist nicht geschützt. Jeder Fabrikant kann sein Messer, und sei es noch so mickerig, so nennen. Und deshalb gibt es billige und oft genug klapperige Produkte mit dem Prestigenamen, die den Markt überschwemmen, sogar aus Pakistan. Selbst in den vielen, vielen Messerboutiquen des jetzt im Sommer von Touristen überlaufenen Orts kann man sie erstehen. Trotzdem bezahlen Messerfreunde aus und in aller Welt für das Original gerne hohe Preise, die für personalisierte Sonderanfertigungen und eine ebenfalls vor Ort hergestellte Damaszenerklinge schon einmal die Eintausend-Euro-Grenze überschreiten können.

Die Geschichte dieses Messers mit dem hohen Wiedererkennungswert, so können wir in den Publikationen der »Forge« und des Tourismusamtes nachlesen, ist eine von Aufstieg, Verfall und Wiedergeburt, ein mythisch unterfüttertes Märchen. Sie begann, so will es die Legende, im Jahre 1829. Damals erfand der Messerschmied Jean-Pierre Calmels aus Laguiole das Ressort und damit ein bequem zusammenklappbares Messer. Bis dahin hatten sich die Hirten, Fuhrleute und Händler aus der Auvergne, zu deren südlichen Ausläufern die der Kalksteinhochebene des Aubrac gehört, mit dem heimischen »Capouchadou«, einem kleinen, feststehenden Dolch, behelfen müssen. Aus Spanien brachten sie von ihren Reisen »Navajas« mit, schlanke Messer mit einer elegant geschwungenen Klinge und nicht sehr sicherem Klappmechanismus. Jean-Pierre Calmels ersetzte ihn durch seine Erfindung des federnden Ressorts. Später fügte er noch einen kleinen Dorn hinzu, den die Fuhrleute für das Flicken des Zaumzeugs brauchten, und die Hirten, um Schafen oder Kühen bei Gaskoliken den Darm anzustechen. Eine kleine Biene auf dem Ressort, andere sagen, es sei eine Fliege, wurde zum dekorativen Merkmal. Ein mit kleinen Metallstiften in die Griffschalen aus Holz oder den mächtigen Hörnern der Aubrac-Rinder eingelassenes Kreuz diente, so wiederum die Legende, den Hirten dazu, vor dem in den Boden gerammtem Messer zu beten.

Als dann im Laufe des neunzehnten Jahrhunderts immer mehr Auvergnaten aus ihrer kargen Heimat nach Paris auswanderten, um dort Bistros zu eröffnen, kam noch ein Korkenzieher zu dem Ensemble aus Messer und Dorn. Ein Erkennungszeichen der Heimwehkranken, der bald so genannte »Auvergnatische Pass« war geboren. Sein Ruhm verbreitete sich schnell auch unter den übrigen Franzosen.

Doch schon vor der vorletzten Jahrhundertwende ging es mit der Messerproduktion in Laguiole bergab. Sie verlagerte sich in eine andere berühmte Messerstadt, nach Thiers in der nördlichen Auvergne. Die Fertigung wurde industrialisiert, die Klingen nicht mehr geschmiedet, sondern gestanzt, Qualität und Preise sanken. In Laguiole selbst gab es nur noch ein paar Handwerksbetriebe, die die an allen möglichen Orten gefertigten Einzelteile kauften und montierten. Der Ruf des Laguiole war dahin, der Mythos lebte weiter. So ging es bis in die achtziger Jahre des vorigen Jahrhunderts. Arbeitslosigkeit und Landflucht im Aubrac waren groß, ein Neuanfang musste gewagt werden. Die Gemeinde Laguiole gründete die Assoziation »Le Couteau de Laguiole«, Qualitätskriterien wurden festgelegt. 1985 nahm die »Coutellerie de Laguiole« die Fabrikation auf, zwei Jahre später die den Markt beherrschende »Forge de Laguiole«.

Geschicktes Marketing tat ein Übriges, den alten Namen wieder aufzupolieren. Von dem Stararchitekten und Designer Philippe Starck ließ man sich das moderne Produktionsgebäude der »Forge de Laguiole« entwerfen, das als besonderes Merkmal eine das Dach durchstoßende Messerklinge aufweist. Ebenfalls von Philippe Starck und einer ganzen Reihe bekannter Designerkollegen wurde die Gestalt der Taschenmesser einer Verjüngungskur unterzogen. Die typisch geschwungene Form aber, die an spanische Navajas erinnert, ist allen Messern eigen. Ebenso die Verzierungen auf der Feder, die Biene oder Fliege, die Griffenden aus Messing. Die Griffschalen sind längst nicht mehr nur aus Holz oder Horn. Knochen, Stahl und hochwertige Kunststoffe sind hinzugekommen. Bei Messern mit Hornschalen heiße es aufzupassen, sagt man uns. Das hochwertige Horn stamme nicht mehr von den einheimischen Aubracrindern, sondern werde aus Afrika importiert. Die dortigen Rinder lieferten massivere Spitzen, die man für eine Griffschale aus dem Vollhorn auch brauche. Nur Billigprodukte verwendeten Presshorn.

Inzwischen gibt es auch Küchenmesser und Kollektionen von Tafelbestecken, und dass Drei-Sterne-Koch-Michel Braz seine Gäste in dem spektakulären Beton-und-Glas-Bau seines Restaurants hoch über Laguiole mit ihnen speisen lässt, hilft gewiss auch, den Ruhm der Marke zu verbreiten.

Auf dem Marktplatz steht die Bronzeskulptur eines massigen Stiers mit weit ausladenden, geschwungenen Hörnern. Sie erinnert an die einstige Funktion des Orts als Viehmarkt. Züchter und Händler aus der Umgebung, ja bis aus Spanien kamen regelmäßig nach Laguiole zum Kauf der Schafe und Rinder des nahen Aubrac. Gegen Ende des Sommers wurden von hier aus die Herden in tiefere Regionen getrieben. Wie in der Provence ist auch im Aubrac die Tradition der Transhumanz und des Wanderhirtentums zu neuem Leben erweckt worden, und auf dem Marktplatz von Laguiole wird wie an so vielen Orten Südfrankreichs jährlich eine *Fète de transhumance* gefeiert.

Ich habe Rotraud und Otto von der Schönheit des Aubrac erzählt, von Blumen, wildem Thymian, Rosmarin und anderen typischen Kräutern und Sträuchern der Garrigue, von den altertümlichen Sennhütten der Hirten, den Rindern und Schafen. Wegen der Hitze haben wir die quirlige Stadt erst am Nachmittag verlassen und nach nur wenigen Kilometern Fahrt erreichen wir die fast menschenleere, verkarstete Hochebene. Ihr spärlicher Bewuchs auf dünner, ausgedörrter Bodenkrume wird an vielen Stellen immer wieder von den von Sonne, Winterschnee und Frühlingsregen abenteuerlich zerfrästen Kalksteinfelsen des Untergrunds durchstoßen. Wo der aus wasserundurchlässigem Basalt besteht, schlängeln sich Bäche durch jetzt im Sommer austrocknende sumpfige Auen.

Schmale Wege und breitere Viehtriften durchziehen den Aubrac. Sie führen zu den wenigen Dörfern und Einzelhäusern, die still und verschlossen unter der tief stehenden Sonne liegen. Bienen und Hummeln summen, Libellen sind auf Jagd, auf einem Strauch sitzt ein Neuntöter und späht nach Käfern und anderen Insekten aus. Vom Himmel tönt das »Kiä, Kiä« nach Beute kreisender, scharfäugiger Bussarde, und am Boden flieht mit rauem Krächzen ein bunter Wiedehopf.

Verstreut in der Landschaft liegen die *Burons*, niedrige Hütten aus Granit, Basalt oder Schiefer mit charakteristischem hohen Schornstein. Rotraud macht ein Foto nach dem anderen von Landschaft und Gebäuden. Ottos Interesse gilt mehr den überall lagernden und friedlich wiederkäuenden gelbbraunen Aubracrindern mit dem weißen Ring um die großen, ausdrucksvollen Augen und den ausladenden Hörnern. Er hat sich zu Hause schlau gemacht und teilt nun sein Wissen mit. Der Experte, sagt er, sehe sofort, dass in die Rasse schon früh sehr urtümliche, eng mit den ausgestorbenen und ausgerotteten Auerochsen verwandte Tiere eingekreuzt worden seien. Ich bin der Meinung, man sehe das nur, wenn man es weiß, aber ich sage nichts.

Es seien genügsame Tiere, erzählt Otto weiter, die bei extensiver Haltung auf den ärmlichen Weiden des Aubrac keiner Pflege bedürften. Und dann erfahren Rotraud und ich noch, dass die Rasse schon fast ausgestorben war, als in den siebziger Jahren des vergangenen Jahrhunderts der französische Staat für den Erhalt und die Zucht der widerstandsfähigen und genügsamen Tiere sorgte. Jetzt sei der Bestand stabil.

»Beispielhaft«, ist Ottos Urteil und dem ist nichts hinzuzufügen.

Auf der Weiterfahrt auf schmalen Nebenstraßen müssen wir ein ums andere Mal halten, um vielköpfige Herden der sanftmütigen Aubracrinder passieren zu lassen. Otto hat recht, ihre Zukunft scheint gesichert.

Coda – In Paris

Schröder, Dichter, Hemingway – Augenblicks-impressionen

Es ist schon ein paar Jahre her. Ich saß mit Katharina, einer deutschen Bekannten, die in der nahe gelegenen *Académie des Beaux Arts* Malerei studierte, an einem der kleinen Tischchen vor dem Café *Deux Magots.* Wir plauderten über dies und das, kamen vom Hölzchen der hohen Mieten in Paris aufs Stöckchen der Kunstszene. Plötzlich sprang, als sie uns Deutsch sprechen hörte, vom Nebentisch eine junge Frau auf, umarmte und küsste mich vor den Augen meiner verblüfften Begleiterin und rief laut: »Isch liiiebä Schröderrr.« Da hatte der damalige Bundeskanzler dem Lügner und Kriegsverbrecher Bush im Weißen Haus gerade die Gefolgschaft beim Einfall in den Irak versagt. Nun kann man ja in Frankreich generell mit Zustimmung rechnen, wenn man Einverständnis mit dem bösen Bonmot Georges Clemenceaus signalisiert, Amerika, das sei die Entwicklung von der Barbarei zu Dekadenz ohne den Umweg über die Kultur. Wenn man dem die Worte »Und zurück« hinzufügt, ist einem der Beifall sicher. Die

Begeisterung der jungen Frau im *Deux Magots* aber hatte nichts mit einem vulgären Antiamerikanismus, viel mit der Entschiedenheit zu tun, mit der Schröder eine klare europäische Position formulierte.

»Das Quartier Latin kannst du vergessen. Jetzt spielt die Musik im elften Arondissement rund um die Bastille«, hat Katharina gesagt. In der Tat, in den schmalen Straßen und Gassen des Viertels Oberkampf zwischen Avenue Parmentier und dem Boulevard Richard-Lenoir, wo im Haus mit der Nummer 132, die es freilich gar nicht gibt, Georges Simenon seinen Kommissar Maigret samt vornamenloser Ehefrau »Madame« Maigret wohnen lässt, ist multikulti das Gebot der Stunde. Friedlich nebeneinander leben hier Juden, Araber, Schwarzafrikaner und Angehörige zahlloser anderer Nationen. In den Kneipen ist Jazz und Fusion jeder Art zu hören.

Im »Chat Noir« geht es hoch her. Am Tresen neben mir stützt sich ein baumlanger Mann aus Obervolta auf. Jean, wie er sich nennt, versucht, sich als Fahrradkurier durchs Leben zu schlagen. Aber eigentlich sei er ja Bildhauer. Stolz zeigt er mir Fotos seiner abstrakten und wild verschlungenen Eisenskulpturen, die, erläutet er, Stammeskunst in die europäische Moderne überführten. Der neben ihm stehende Pierre kommt von der Elfenbeinküste. Er arbeitet bei der Pariser Müllabfuhr und gibt sich als Dichter zu erkennen. Auf einen Bierdeckel kritzelt er mir ein Spontanpoem über einen Deutschen, das bin ich, der freundlich zu einem armen kleinen »Neger«, das ist er, ist. Oder muss ich »nègre« mit Schwarzer übersetzen? Aber das heißt doch »noir«.

Vielleicht, denke ich, ist »nègre« ja im Französischen nicht so beleidigend wie »Neger« im Deutschen. Und was, wenn mein neuer Freund Pierre die Bezeichnung mit Bedacht und Sarkasmus gewählt hat? Doch doch, sagt er, in Paris sei er durchaus auf Rassismus gestoßen, aber hier im Viertel spiele das keine Rolle, hier vertrügen sich sogar Juden und Araber.

Ein etwa fünfzigjähriger blonder Franzose fragt uns, ob wir uns nicht zu seiner Gruppe an den Tisch im schmalen Gastraum setzen wollten. Seine Gruppe, das sind eine indische Tänzerin, ein griechischer Schauspieler und eine türkische Journalistin, die sofortige Aufklärung von mir verlangt, wie man in Deutschland auf so eine ausgefallene Idee kommen könne, die Frage überhaupt zu diskutieren, ob Lehrerinnen und Schülerinnen im Unterricht ein Kopftuch tragen dürften. Selbstverständlich nicht, sagt sie, das Kopftuch sei ein Zeichen der Unterdrückung der Frau durch den Islam. Mein Einwand, ob es nicht auch um kulturelle Identität gehe, wischt sie mit dem Wort »Quatsch« beiseite. Ein nigerianischer Filmregisseur schließlich schwärmt von der Berlinale. Vor ein paar Jahren hat er dort einen Film über Afrikaner in Paris gezeigt. Berlin sei eine großartige Stadt und so weltoffen. Ob er sich ohne Begleitung und des Nachts in Vierteln wie Marzahn oder Oberschöneweide gezeigt hat, frage ich ihn lieber nicht.

Der blonde Franzose, der sich jetzt neben mich setzt, will mit mir Deutsch sprechen. Das sei doch eine schöne Sprache, die seiner Großmutter aus Lothringen. Er kommt, erzählt er, gerade aus Budapest, wo er die ungarische Nationalbank bei irgendeiner finanzpolitischen Frage beraten hat. Ja, er sei ein »Inspecteur des Finances« und Ministerialbeamter. Mit seinen Kollegen hat er außerberuflich nicht viel am Hut. Die jungen Leute hier seien viel interessanter, und mit seinen Verbindungen zu Staat und Finanzwelt könne er halt manchmal helfen, wenn es um Stipendien, Arbeitsaufträge, Druckkostenzuschüsse, Auslandsaufenthalte und dergleichen geht.

Das »Café des Amateurs« an der Place de la Contrescarpe beschreibt Ernest Hemingway in seinen Erinnerungen »Paris, ein Fest fürs Leben« als den *cesspool*, die Senkgrube der Rue Mouffetard. Beim Einkauf auf dem lebendigen und preiswerten Straßenmarkt musste sich Ehefrau Hadley den Platz auf der *Mouffe* mit anderen Hausfrauen teilen, mit den Verkaufstischen der Händler, den Autos und Pferdegespannen der Lieferanten und mit den Huren, die hier auf Kundenfang gingen. Damals zu Beginn der zwanziger Jahre des vorigen Jahrhunderts, als Ernest und Hadley und ihr Sohn »Bumby« »sehr arm und sehr glücklich waren«, war die Gegend rund um die Place de la Contrescarpe das Viertel der kleinen Leute. Leben und leben lassen hieß die Devise, die Arbeiter und Kleinbürger stießen sich nicht an der Gegenwart der Säufer und Huren, und am Wochenende ging man gleich um die Ecke, im *Bal Musette* in der Rue Cardinal Lemoine 74, tanzen. Über dem Lokal hatten Ernest und Hadley eine winzige Wohnung, und zum Schreiben ging der angehende Autor ein paar Schritte weiter in die Rue Descartes 39, wo er sich ein Zimmer in einem schäbigen Hotel gemietet hatte, in dem fünfundzwanzig Jahre vorher der Lyriker Paul Verlaine gestorben war.

Heute erinnert sich von den Bewohnern des Viertels keiner mehr an das Café des Amateurs. Eins von zweien kommt in Betracht. Vielleicht das unter dem Zeichen eines Kieferzapfens, das an der Hauswand im ersten Stock prangt. Hier stand im Mittelalter und der frühen Neuzeit eine berühmte Kneipe, die »Pomme de Pin«. Im »Kieferzapfen« hatte sich schon der Vagant, Dichter und Verbrecher François Villon herumgetrieben. Das Viertel lag im fünfzehnten Jahrhundert außerhalb der Mauern von Paris, das Villon wegen seiner zahlreichen Einbrüche und Überfälle verschlossen war, und im Winter wagten sich die Wölfe bis auf die Rue Mouffetard und die Place de la Contrescarpe. Später tranken und feierten im »Pomme de Pin« François Rabelais, der Verfasser der grobianischen Romane um die grotesken Riesen Gargantua und Pantagruel, und noch später Pierre Ronsard, Joachim du Bellay und all die anderen Dichter der »Pléiade«.

Heute ist von der bunten Vergangenheit des Viertels kaum noch etwas zu spüren. Die Gegend ist ehrbar geworden, auf der Place de la Contrescarpe stehen adrette Blumenkübel, viele Häuser und Kneipen sind renoviert und statt der Dichterbohème und der Huren sitzen neugierige Touristen aus aller Welt in den schick gewordenen Cafés. Die Arbeiter und Kleinbürger sind verschwunden. Jetzt bewohnen gut situierte, ordentlich gekleidete Bürger das Viertel. Der Straßenmarkt in der Rue Mouffetard ist nicht mehr billig, sondern dient mit gefälligen Arrangements und teuren Spezialitäten den Konsumwünschen dieser neuen Klasse. Niemand geht mehr im *Bal Musette* tanzen. Heute ist in der einstigen Vergnügungsstätte des *petit peuple,* der kleinen Leute, eine Buchhandlung untergebracht. Dort ist die Erinnerung in den Büchern Hemingways, den Lyrikbänden Verlaines, Villons oder Ronsards konserviert.

Ein Amerikaner in Paris – die Buchhandlung Shakespeare and Company

Eine kleine englische Sprachinsel mitten in Paris ist der winzige Platz in der Rue de la Bûcherie am linken Seineufer schräg gegenüber und in Sichtweite von Notre Dame. Ein lauschiger und gleichzeitig quirliger Ort. Studenten und ältere Literaturliebhaber begrüßen sich, wühlen in Bücherkisten und zeigen einander ihre Schnäppchen, auf Bänken hocken Menschen, in die Lektüre vergilbter Schriften vertieft. Das englische Stimmengewirr setzt sich fort in den beiden aus dem achtzehnten Jahrhundert stammenden Häusern am Rande des Platzes, die eine Buchhandlung beherbergen. Aber was für eine Buchhandlung. Leihbücherei, modernes und klassisches Antiquariat zugleich ist »Shakespeare and Company«. Neuerscheinungen, zumeist englischsprachige, gibt es natürlich auch zu kaufen. Wenn man sie denn finden kann in den beiden labyrinthischen Häusern, in deren Räumen, auf Stiegen und Treppen sich an die 100 000 Bücher stapeln. Dazwischen stehen Betten. In ihnen dürfen mittellose Schriftsteller oder die, die sich als solche ausgeben, schlafen, wenn sie am Tag ein bisschen in der Buchhandlung aushelfen. Aber meist lesen sie in Ecken und Winkeln, und George Whitman betrachtet sie mit gütigem Lächeln. Von ihm heißt es, er sei der Urenkel des Dichters Walt Whitman, aber er schweigt mit seinem Augurenlächeln dazu.

George Whitman legte vor Jahren die Regeln fest bei »Shakespeare and Company«. Der heute 96jährige Amerikaner, ein Bücher- und Menschenfreund und überzeugter Sozialist, ist der Gründer und Besitzer der Buchhandlung. Meist thront er in seinem Sessel im ersten Stock mit einem Buch in der Hand. Wenn er die Tür aufmacht, um im Pyjama oder noch unkonventioneller bekleidet einen Blick in seine Buchhandlung zu werfen, ertönt im ganzen Haus Mozart, den George Whitman in beträchtlicher Lautstärke auf einem altmodischen Grammophon abspielt. 1946 schlug der ehemalige Marinesoldat nach einem Intermezzo als Buchhändler in Boston und einer einige Monate dauernden Zeit als Globetrotter, die ihn zu Fuß bis nach Mexiko gebracht hatte, sein Domizil in Paris auf. Die »GI Bill« für Kriegsteilnehmer wie ihn verschaffte ihm ein Stipendium, und er studierte an der Sorbonne. In jenen Jahren kam ihm auch die Idee einer englischsprachigen Leihbücherei. »Alle meine englischen und amerikanischen Freunde kamen ständig zu mir und liehen sich Bücher«, erinnert er sich. »In meiner Studentenbude ging es zu wie in einem Taubenschlag. Da konnte ich auch gleich eine Leihbücherei aufmachen. Ich wusste sowieso nicht mehr, wohin mit all den Büchern, die ich für wenig Geld in Paris kaufte. Die Franzosen interessierten sich ja nicht für englischsprachige Literatur.«

Eine kleine Erbschaft half beim Anfang. Für 500 Dollar kaufte George Whitman 1951 das erste der beiden Häuser, in denen »Shakespeare and Company« sich im Laufe eines halben Jahrhunderts amöbenhaft ausgebreitet hat. Das andere kam später, auch zum Schnäppchenpreis, hinzu. Heute, schätzt

George Whitman, ist der Komplex in bester Lage wohl 5 Millionen Dollar wert. »Aber«, sagt er, »ich verkaufe nicht. Lieber verschenke ich den Laden.«

»Le Mistral« hieß die Buchhandlung anfangs. In den sechziger Jahren beschloss George Whitman sie umzubenennen in »Shakespeare and Company«. Ein legendärer Name im Paris der zwanziger und dreißiger Jahre. Die nicht weniger legendäre Sylvia Beach hatte die angloamerikanische Leihbücherei 1919 gegründet, ein paar hundert Meter vom jetzigen Standpunkt entfernt, in der Rue de l'Odéon, wo heute nichts mehr an sie erinnert. Kurz vorher war die Tochter eines presbyterianischen Predigers aus den puritanischen USA in das freiere Klima von Paris geflüchtet, wo sie keinerlei Ächtung wegen ihrer sexuellen Orientierung befürchten musste. Ihre Freundin und Lebensgefährtin Adrienne Monnier betrieb in der Rue de l'Odéon bereits die Buchhandlung und Leihbücherei »La Maison des Amis des Livres«. Die stämmige Bauerntochter verehrte Schriftsteller, und die ließen sich von ihr gern hofieren und zu literarischen Soireen einladen. Mit »Shakespeare and Company« schräg gegenüber Adrienne Monniers Laden schuf Sylvia Beach das angloamerikanische Pendant zu der Buchhandlung ihrer Freundin. Schnell wurde die Leihbücherei zum Treffpunkt englischer und amerikanischer Schriftsteller. Hemingway und Scott Fitzgerald, Dos Passos, Ezra Pound, T.S. Eliot und andere literarische Größen gingen bei Sylvia Beach ein und aus. »Shakespeare and Company« war für sie, wie ihre Biographin Noel R. Fitch schreibt, »Treffpunkt, Klubhaus, Post, Bank und Lesesaal«. Auch Franzosen wie Paul

Valéry und André Gide kamen und wechselten von Adrienne Monniers Haus der Bücherfreunde hinüber und zurück.

Ihren Platz in der Literaturgeschichte sicherte sich Sylvia Beach, als sie im Jahre 1922 James Joyce's Jahrhundertroman »Ulysses« auf eigene Kosten herausbrachte. In Paris, denn in den USA und in Großbritannien hatten die großen Verlagshäuser die Veröffentlichung abgelehnt. Sie fürchteten die Zensur, »Ulysses« galt als pornographisch. Den Roman zu veröffentlichen war eine Herkulesarbeit für Sylvia Beach und die bis zu 26 französischen Setzer, die kein Englisch sprachen, zumal James Joyce, der von seiner Umgebung bedingungslose Unterordnung unter sein Genie forderte, ständig Änderungswünsche hatte. Kein Wunder, dass das fertig gedruckte Buch, wie die stolze und uneigennützige Verlegerin schätzte, zwischen einem und sechs Satzfehler pro Seite aufwies.

1942 musste »Shakespeare and Company« schließen. Für immer, wie es schien. Ein deutscher Offizier, dem sie das letzte Exemplar, ihr eigenes, von Joyce's »Finnegan's Wake« verweigert hatte, drohte Sylvia Beach mit der Beschlagnahmung ihrer Bücher. In aller Eile schaffte sie sie in ein sicheres Versteck. Sie selbst musste noch sechs Monate in einem Internierungslager der Vichy-Regierung verbringen. Nach dem Krieg fehlte ihr die Kraft weiterzumachen.

George Whitman, der Sylvia Beach noch kannte, verehrte die selbstlose Freundin der Schriftsteller. So sehr, dass er nach ihrem Tod – sie starb 1962 – den Namen ihrer Buchhandlung adoptierte. »Ich glaube«, sagt er, »sie würde sich darüber freuen. Sie hat immer gesagt, sie fände es schön, dass ich eine Buchhandlung, wie ihre eine war, führe. ›Shakespeare and Company‹, was für ein wundervoller Name. Vier Worte – ein ganzer Roman. Aus Respekt vor Sylvias Lebensleistung habe ich den Namen erst spät übernommen, als ich selbst schon etwas geschaffen hatte.« Und das alte Ladenschild mit dem Konterfei des Barden vom Avon hat George Whitman ebenfalls übernommen.

Vielleicht freut Sylvia Beach sich ja oben im Bücherhimmel, dass unter dem Management von George Whitman ihr »Shakespeare and Company« weiterlebt.

Und darüber, dass die Nachfolge ebenfalls geregelt ist. Die heute achtundzwanzigjährige Tochter des immer noch quicklebendigen George Whitman wird den Laden jedenfalls übernehmen. Schließlich ist der Name, den ihr Vater ihr gegeben hat, ebenso ein Zeichen der Verehrung wie eine Verpflichtung: Sylvia Beach Whitman. Sie führt bereits jetzt eine alte Tradition fort. Einmal in der Woche, jeden Montag, veranstaltet die Tochter des legendären Alten Lesungen. Jeder, der ein Buch veröffentlicht oder ein Manuskript bei sich hat, kann mitmachen, er oder sie muss sich nur rechtzeitig anmelden.

Lesen Sie auch:

Hannes Hansen

Auf der Suche nach Schleswig-Holstein

Geschichte und Geschichten aus dem östlichen Teil des Landes

ISBN: 978-3-86935-019-6

Geschichte und Geschichten aus dem westlichen Teil des Landes

ISBN: 978-3-86935-020-2